传说中的
西方神话人物

穿梭于强大又神秘的西方众神之殿

ANCIENT
GODS

中国画报出版社·北京

[英] 伊恩·奥斯本 编著   赵怡翻 译

图书在版编目（CIP）数据

传说中的西方神话人物 /（英）伊恩·奥斯本编著；
赵怡翾译. -- 北京：中国画报出版社，2024.3
（萤火虫书系）
书名原文: All About History: Ancient Gods
ISBN 978-7-5146-1869-3

Ⅰ.①传… Ⅱ.①伊… ②赵… Ⅲ.①神—研究—西
方国家 Ⅳ.①B933

中国国家版本馆CIP数据核字(2023)第250149号

FUTURE

北京市版权局著作权合同登记号：01-2023-5576

传说中的西方神话人物

［英］伊恩·奥斯本　编著　　赵怡翾　译

出 版 人：方允仲
责任编辑：李　媛
内文排版：郭廷欢
责任印制：焦　洋

出版发行：中国画报出版社
地　　址：中国北京市海淀区车公庄西路33号　邮　　编：100048
发 行 部：010-88417418　010-68414683（传真）
总编室兼传真：010-88417359　版权部：010-88417359

开　　本：16开（787mm×1092mm）
印　　张：12.5
字　　数：220千字
版　　次：2024年3月第1版　2024年3月第1次印刷
印　　刷：北京汇瑞嘉合文化发展有限公司
书　　号：ISBN 978-7-5146-1869-3
定　　价：72.00元

欢迎来到万神殿

古代神话中的诸神都有哪些？有些神我们现在依然耳熟能详，比如一些著名的古埃及、古希腊和古罗马的神，他们的名号在那些为他们建造了庙宇的信徒身后依然流传；再比如，以斯堪的纳维亚半岛众神为题材的电影意外地在影视行业赚得盆满钵满。

那其他神呢？古代世界充斥着神奇、强大又奇异的神祇，他们守护着世间万物，从天气到作物，乃至各类物体和概念——任何你所能想到的事物，都可能有某位神对其眷顾。

一些神的传说可能在不同地域之间流传甚广，也有一些神仅仅守护着他们的故土。尽管如此，我们还是会惊讶地发现，不同地域之间对同一抽象概念（如爱情、战争等）的表现形式有相似之处，掌管这些概念的神也有几分相似。对某些神的信仰可能已经全然消亡，有些神则依然会在我们的日常生活中受到信奉。本书将带领读者探索古代西方众神的奥秘，了解他们的个性、职能、典故，以及与其相关的信仰等。

目录

诸神的历史

自古以来，人类的历史就与神密不可分。
讲述神的故事，就是在讲述我们自己的故事

作者：本·加祖尔

无论对宗教看法如何，都无法否认神在人类历史中发挥的强大作用。早在公元前3000年由苏美尔人撰写的最早的文本资料中，神的形象就已经完全成型。自那之后，人类开始信仰无数不同的神祇，也拥有了为他们书写传奇的能力。至于那些在文本诞生之前存在的神，就只剩下考古学家从地下挖掘出的零零星星的模糊画像了。

有时候，嘲笑神并不是什么难事。早期基督教作家就不把神当回事。"谁会需要铰链之神？"圣奥古斯汀（Saint Augustine）曾如此质问向卡尔迪亚（Cardea）女神祈祷的古罗马人。在那个一道小小的划伤都可能造成致命感染的年代，只要某位神可能带来救赎，就会受到人们的推崇。时至今日，许多古代神对一些人仍有一种情感上的吸引力，因为前者能满足纯粹理性无法满足的

诸神的历史——时间线

公元前38000年	公元前9000年	公元前3000年	公元前2400年	公元前1500年	公元前1351年

狮人

半狮半人雕像发现于德国某一洞穴中，这是人类已知最早的雕像艺术。该雕像由猛犸象牙雕成，可能是早期神的象征。

第一座神庙？

大约9000年前，狩猎者和采集者们聚集在土耳其的哥贝克力石阵（Göbekli Tepe），建造起了世界上最早的宗教建筑。在之后的2000年间，这个地方都为人所用，不断扩张，后来却遭到遗弃，并被蓄意掩埋。

苏美尔人的文字记录

早在文字发明之前，复杂的信仰体系就已经存在，因为苏美尔人在发明楔形文字之后就立刻极尽详细地写下了神的故事，程度不亚于任何后世的传说。

金字塔文本

埃及金字塔的墙壁上刻有长长的咒语和仪式内容，这是为了引导死者的灵魂步入死后世界、与众神会合，避免粗心大意的人落入陷阱。

吠陀

印度教的《吠陀经》是至今仍在传颂的最古老的宗教文本之一。它最初由口头传播，内容包括印度教诸神的赞美诗、圣歌和仪式步骤。《吠陀经》中的诸神至今仍被视为神圣的存在。

单打独斗的埃赫那吞

古埃及人的万神殿中神灵众多。然而有一位法老——阿蒙霍特普四世（Amenhotep IV）打破了这一传统。他将自己更名为埃赫那吞（Akhenaten），迫使人民只崇拜单一的神阿吞（Aten）并取消了祭司制度。

需求。这些神的故事不仅能使人愉悦，也能让人看见人性深处的秘密。要知道，许多人至今仍在信仰古代诸神。

若是告诉那些坚定的无信仰者，古代诸神在现代世界中无所不在，他们一定会大吃一惊。大部分现代宗教都融合了早期传说衍生出来的故事和思想，无神论者也难免受到父辈信仰的影响。你可能不去教堂，但圣诞节还是每年都会到来，而它的前身正是耶鲁节和古罗马农神节。

如果想要了解古代诸神，又不想费力阅读用死板语言书写的神秘文本，那么恭喜你，你很幸运，只要到电影院去就能和雷神托尔面对面接触，还有一大批神在电视剧《美国众神》（*American Gods*）中重获生机。古代诸神从未消亡，他们只是静候时机，等待于新时代以某种形式苏醒。

| 200 年 | 公元前 700 年 | 公元前 5 世纪 | 公元 381 年 | 公元 13 世纪 | 公元 19 世纪 70 年代 |

尔梅克巨石头像

尔梅克文明是中美洲早的大型文明，他们有留下关于宗教的直记载。巨大的金字塔寺庙，以及那些重达吨的巨大黑色玄武头像是他们信仰的证。

第一座希腊神庙

信仰是古希腊人民彼此联系的基础。位于科林斯地峡的波塞冬神庙是以古希腊风格建造的第一座神庙。

凯尔特人的到来

被通称为凯尔特人的部族起源于中欧，却在西欧开枝散叶。在迁徙的过程中，他们也带走了他们信仰的神。凯尔特诸神在许多地方被尊崇了一千多年。

狄奥多西终结异教

古罗马皇帝开始信仰基督教之后，其他宗教的时代就此终结。狄奥多西一世（Theodosius I）颁布了严格的法律，反对异教习俗，驱逐了维斯塔贞女，并摧毁了神庙。人们即便在私下里进行异教崇拜也可能被判处死刑。

北欧神话成文

维京人的长船上不仅承载着他们的战士，还承载着他们的神。在维京人皈依基督教之后，这些神的故事仍然存在。北欧神话成文于13世纪的冰岛，许多本已失落的神得以从遗忘中被拯救出来。

吉尔伽美什引起轰动

19 世纪 70 年代，乔治·史密斯（George Smith）首次翻译了部分《吉尔伽美什史诗》（*Epic of Gilgamesh*）。那时，《创世纪》的故事被视为真理，而史密斯却揭示了一个早于那场大洪水发生的故事。

▲ 为了解英雄事迹，人们不得不去破译消失的文明创造的古代文字。要翻译贝希斯敦铭文，不仅要身手矫健，还得头脑活跃

发掘神明

信仰衰亡之后，往往难以重建，但在考古学家的努力之下，许多信仰得以从尘土中重现人世。

其实在近代以前，许多古老的信仰都已失传，被人遗忘。在古典文献中或许能找到神明的蛛丝马迹，但这些内容通常会因作者的观点产生偏差。希罗多德（Herodotus）声称从祭司那里听说过埃及诸神，后来却又把他们当作古希腊神明来描绘，祭司的声音便消失了。而到了19世纪，一切都不一样了。

1799年，拿破仑的军队发现了罗塞塔石碑，我们得以直观地了解了古埃及。这块石碑上用三种语言写下了相同的铭文：古希腊语、古埃及世俗语和象形文字。在深入理解古希腊语并翻译古埃及世俗语之后，学者们阅读象形文字成为可能。数以千计的铭文突然变得清晰明了，埃及的坟墓和寺庙的墙壁上涌现出大量有关古埃及神明的资料。

19世纪中叶，美索不达米亚的考古学家偶然发现了一些烘烤过的泥板，上面密密麻麻地刻着被称作楔形文字的小字。这种文本在整个中东地区广为人知，但由于其内容庞杂，依然难以解读。要理解这些文本，身心都需克服巨大的困难。在伊朗的贝希斯敦，有一座巴比伦国王大流士大帝战胜王位竞争对手的纪念碑。纪念碑刻画的画面周围有巴比伦楔形文字的赞美铭文，也有古波斯语和埃兰语的铭文。

亨利·罗林森（Henry Rawlinson）爵士是一位年轻的军官，他爬上悬崖来到碑文处，开始了翻译古波斯语碑文的艰巨任务。完成这一部分翻译之后，他将梯子和绳索绑在一起，够到了用其他语言书写的文本，并与已破译的古波斯语进行比较，由此揭开了楔形文字的神秘面纱。美索不达米亚的古代文库就这样变得清晰易读了。

泥板上记载的是世界上最古老的文字之一，从中衍生出了

▲ 尼尼翁陶版是描述厄琉息斯秘仪过程的少数物质线索之一

哥贝克力石阵发现的复杂石制结构往往被认为是世界上最古老的神庙。

数百个关于神的故事，这些故事要么从不为人所知，要么被外界颠倒是非。《圣经·旧约》就曾记载以色列人和其他异教徒之间的许多互动，异教诸神在与犹太神明的互动中往往品行恶劣，从犹太神与巴力（Ba'al）祭司的较量中就可见一斑。

先知以利亚（Elijah）向两位神的祭司发起宗教对决。巴力的祭司被告知只能通过祈祷来点燃柴堆。祭司们跳起舞蹈，割伤自己，但柴堆并没有点燃。而当以利亚尝试时，火焰立刻从天而降。于是以利亚处死了巴力的祭司。

谁是巴力？如果只参考《圣经》，我们可能对他一无所知。基督教中有一个恶魔名为别西卜（Beelzebub），其实他的名字就源自巴力西卜（Ba'al Zebub）——苍蝇之王。然而，在破译楔形文字之后，我们了解到巴力其实是对巴比伦诸神的统一尊称，最后才演化成近东地区某一个神的名字。

在迦太基，巴力·哈蒙（Ba'al Hammon）是该城的主神。根据古希腊-罗马记载，迦太基人崇拜巴力·哈蒙的方式之一是将婴儿扔进神庙的火焰里。几个世纪以来，人们认为这种说法是用来抹黑对手的宣传谣言。然而，最近的考古证据表明，儿童确实曾被作为祭品。在一个名为托非特的地方，人们发现了几周大的婴儿被焚烧的遗骸，上面有父母写下的受到巴力祝福的铭文，在这些被埋葬的婴儿之间还发现了动物祭品。

由此得到的一个研究古代诸神的重要教训是，考证必须全面。文学资料很有帮助，但必须结合考古发现来看，必须将实实在在的遗迹与我们所了解的文化进行比较。当然，有时候没有文学资料留存，我们得到的就只有一些诱人的蛛丝马迹罢了。

哥贝克力石阵发现的复杂石制结构往往被认为是世界上最古老的神庙。雕刻的立石暗示着某种崇拜，以及人类世界与超自然精神的融合，但这些建筑大约比文字早6000年诞生，我们没有任何证据表明这座遗迹发生过什么。即便是（相对）不那么古老的宗教也可能被谜团笼罩——那些曾在古希腊埃莱夫西纳参加仪式的人都宣誓保守秘密，他们守口如瓶，我们到现在都不知道这些入会者被带入黑暗的地下洞穴之后发生了什么。因此，考古学家必须尽可能多地收集信息，以保护、还原古代宗教，这一点至关重要。不幸的是，有些人出于种种原因摧毁了我们共同的过去。

几个世纪以来，人们一直在为博物馆和私人收藏家收集古代文物。神像价格高涨，引发了一些非法挖掘者抢劫考古遗址的犯罪行为。对很多事物而言，背景很重要，文物也是如此，将一件文物从它被发现的地点转移走，它就会失去让我们了解过去的真正价值。

地下崇拜

———— ◆ ————

在曾属古罗马的各地，人们发现了一些奇怪的地下神庙，这些神庙供奉着鲜为人知的密特拉神（Mithras）。密特拉神之所以鲜为人知，部分原因是其教派成员发誓对他的崇拜保密。为了还原他洞穴般的寺庙中发生的事情，历史学家必须依靠考古记录中留下的少量线索。

密特拉神庙大多遵循完全相同的布局。它们通常在现成的洞穴，或是看起来像洞穴的地方建成，只有一个入口通向一个狭长的房间，终点处有一座祭坛或浮雕石像，房间的两侧有两排座位。最显著的特征莫过于每座神庙中心的密特拉神像，又称密特拉屠牛像（Tauroctony），雕的是密特拉钉住一头公牛并将其头部向后拉扯，以割断它的喉咙。

神庙空间狭小，我们不难看出，信徒们实际上并不会真的在庙内屠杀公牛。屠牛像可能是用以纪念密特拉的某项事迹。还有其他一些雕塑暗示了密特拉的崇拜者如何看待宇宙，但他们使用的一些符号至今依然意味不明。

▲ 古时雷神托尔的信仰者们肯定不会料到，托尔有朝一日居然会成为一个漫画角色，成为票房明星

触手可及的古代诸神

有些神，或其追随者所创造的传统的回声，几千年后仍在我们之间飘荡。

虽然不少宗教都认为神明独立于宇宙之外，是亘古不变的，但神其实也会进化。适应全新的社会环境后，我们对神的看法可能会发生根本性的改变。无论走到哪里，人们都会带着自己的神，至今已经发展出了许多奇怪的道路。

人类利用神明的某些方式可能微不足道，但也会产生意想不到的结果。古埃及女神伊西斯（Isis）在地中海地区广受崇拜，但随着基督教的到来逐渐没落。然而，近几十年来，"伊西斯"在许多国家被用作女孩的名字，又重新流行了起

▲ 神明可能会在最让人意想不到的地方出现，就像《柳林风声》(*The Wind in the Willows*) 中的拉蒂和鼹鼠遇到古代潘神那样

来。古代信仰塑造现代世界的方式更为微妙，现代的许多标准节假日（圣日）都可以追溯到古代的宗教习俗。

农神节是古罗马在12月底庆祝的节日，旨在纪念萨图恩神（Saturn）。在古罗马神话中，萨图恩神统治世界的时代是令人怀念的黄金时代。在农神节的庆祝活动中，人们做出了各种还原该时代的尝试。历史学家贾斯丁努斯（Justinus）说："在农神节，任何地方的奴隶都应该与他们的主人一起参加娱乐活动，所有人的地位都是平等的。"冬至将近，人们穿着色彩缤纷的衣服，交换礼物。

农神节是一个全国范围内的活动。古罗马人走到哪里，就把节日带到哪里。他们还喜欢将自己的信仰与被征服者的信仰结合起来。农神节可能与传统中的许多与冬至有关的活动都有关联，当基督教以外的其他宗教衰微之后，许多人仍然以农神节式的狂欢来庆祝年底的到来。

福音书没有记载耶稣的出生日期，对于何时或是否应该庆祝耶稣的诞生存在很多争论。可能是公元4世纪的教皇朱利叶斯一世（Julius I）将圣诞节的日期定在了古罗马冬至12月25日，以与异教农神节竞争。

文化并不是凭空产生的，因此，现代圣诞节的庆祝活动可能是从农神节中汲取了灵感。人类互相融合，习俗在群体之间转移。许多冬季庆祝圣诞节的仪式都来自日耳曼宗教，饮酒、热闹的颂歌、燃烧圣诞树干、聚会，都融入了现代圣诞节的传统之中。

如今的圣诞节基本已经融入世俗，标志着一年的结束和新年的开始。昔日的圣物也成了纯粹的有价值的商品。文艺复兴时期，成千上万的有钱人竞相收藏古典雕像，用以装饰自己的豪宅和花园，力量强大的可怖神祇沦为了装饰物。到了18世纪，古典雕像朴素的白色成了优雅的代名词。实际上，古时希腊和罗马的雕像虽不至于花哨，但也足够活泼生动。这算得上是给古代信仰强行附加意义的一个例子了。

为迎合全新的受众，古代诸神已经经过多次重新包装，但在今天，还要数戏剧性的重述最有利可图。改编神话并呈现给公众消费早已不是新鲜事。有关古代雅典的剧作家很少编写全新的剧本，而是以新鲜的方式讲述熟悉的故事来娱乐和吸引观众。如今的剧院里不太可能看得到神明了，不过，他们在书店和电影院里仍然占据着市场。

人们对以古代信仰为题材的小说感兴趣是从19世纪开始的。H.莱特·哈葛德（H. Rider Haggard）所著《埃斯兰情侠传》（*Eric Brighteys*）向读者介绍了公元10世纪的冰岛世界，那里充斥着神明和女巫。《路加八日》（*Eight Days of Luke*）将北欧众神带到了现代世界，让许多年轻读者见识了恶作剧之神洛基（Loki）的有趣。其他作者改编的方式也很不拘一格。苏珊·库珀（Susan Cooper）的小说《黑暗崛起》（*The Dark is Rising*）大量借鉴了民间传说和神话，创造了一个光明对抗黑暗的故事。

尼尔·盖曼（Neil Gaiman）的小说《美国众神》或许是古代宗教题材的集大成者。在全新的土地上探索古老的神明，见证了神明在不断变化的世界中保持与世界的联系。从奥丁（Odin）到托特（Thoth）再到奥斯塔拉（Eostre），被遗忘的神明们在书中与技术和全球化等力量日益强大的新"神明"斗争着。

自文艺复兴以来，古希腊罗马神话一直是西方艺术的灵感源泉，而到了20、21世纪，作家，尤其是儿童读物的作家，开始借助它们创作激动人心的故事。雷神托尔、洛基和其他北欧神话中的角色成了漫威漫画的主角，在漫画中，雷神与巨魔、外太空超级恶棍等各种敌人战斗，而在电影中，托尔最艰难的战斗莫过于忍住不脱他的衬衫。

如何描绘诸神，在很大程度上反映了人们如何看待他们的起源文化。在《雷神》中，我们看到了北欧人的维京战士形象，动作和肌肉充满男子气概。对于环游欧洲的艺术收藏家来说，古典雕塑是纯净、洁白、整齐的。我们借助古代诸神的形象往往是出于我们自己的需要，而不是古代信徒的想法。

圣布丽姬——凯尔特女神

圣布丽姬（St. Brigid）是爱尔兰的守护神之一，与其他宗教并无瓜葛。她是一位出生于公元5世纪的圣修女，以慈善闻名，一生充满种种奇迹。某次，一个异教徒试图喂养尚在襁褓中的布丽姬，小布丽姬拒绝了这不纯洁的牛奶，后来，一头神秘的奶牛给她喂了（大概是纯洁的）牛奶。据说正是布丽姬在爱尔兰建立了修道院制度，当然，前提是她真实存在。

圣布丽姬与一位古代凯尔特女神有着惊人的相似之处，这位女神也恰好名为布丽姬，两人都与圣井（holy well）有关。

如果历史上真的存在一个叫布丽姬的人，那么或许凯尔特女神的某些特征被移植到了她的故事中。这一过程被称为合流（syncretism），为爱尔兰异教徒创造可供持续崇拜的、熟悉的对象，让爱尔兰异教徒更容易接受基督教信仰。如今，许多人既崇拜圣人布丽姬，又崇拜女神布丽姬，颂扬她作为女性力量的象征。

如今，世界各地的许多基督教堂中都可以看到布丽姬的形象，但她最初可能是来自完全不同信仰的女神。

▲ 不是所有神明都已消亡。像"巨石阵德鲁伊"这样的新信仰者随时都可能出现

今日的古代诸神

对考古学家、作家和现代的追随者而言，古代诸神仍吸引着他们。

在重述古希腊罗马神话的青少年小说《珀西·杰克逊》(Percy Jackson) 系列中，众神强大而冷漠，有自己的行事动机。但他们仍是某种灵感的源泉。主角珀西 (Percy) 名字的来源是珀尔修斯 (Perseus)，随着故事的揭露，我们发现他是神的儿子。珀西患有阅读障碍，许多半神也是如此。这些半神拥有神圣的古希腊血统，难以阅读古希腊语以外的语言。

众神帮助古希腊人理解世界，它们代表着战争、智慧和健康等抽象概念，这些现在我们认为理所当然的事物还没有得到古人的理解。科学的世界观出现之后，众神不再是知识领域未知事物的守护者，那些想要借助神之力量的人必须找到全新的方法来使神明发挥作用。幸运的是，每一代人都能在古代诸神身上找到他们需要的东西。

在了解古代诸神的现代信仰者之前，要明

意将新神纳入他们的万神殿中，通过研究古代世界的神话、传说和神庙，我们可以看到类似苏美尔伊南娜（Inanna）这样的神如何影响西方关于维纳斯和东方关于杜尔迦（Durga）的观念。

古人向神灵献祭。贵族和君主留下了巨大的大理石祭坛、金鼎、雕像和大量铭文。这些都很重要，即使是最不起眼的祭品也会引起考古学家的兴趣。在古罗马的礼拜场所，那些祈祷得到治愈的人留下了身体部位的黏土模型，通过研究这些作为祭品留下的手臂、腿和子宫，历史学家得以了解古代常见的健康问题。祭品上留下的铭文让原本不为人知的古人的声音在各个时代得以传播。如果没有人向埃斯库拉庇乌斯（Aesculapius）献祭，我们永远不会知道两个分别叫做提图斯·尤里乌斯·杰内西亚库斯（Titus Iulius Genesiacus）和凯希利亚·巴尔比拉（Caecilia Balbilla）的人进行了一次成功的豆子贸易。

通过比较古老信仰的神话和传说，学者们能辨别出故事随着时间和传播发生的变化，并推测原始的故事可能是什么样的。通过研究故事的谱系，原始的印欧神话，包括其中的细节，都得到了揭示。

专家称，曾有一群人信仰一位名为帝乌斯（Dyeus Phater）的父神，这些人最后创造了印度和欧洲多地的文化。这位众神之王最后演变为宙斯、朱庇特和特尤斯（Dyaus Pitar），他们具有惊人的相似之处。据考证，印欧两地的原始信仰差异巨大，但帝乌斯的存在能够提醒我们两种文化之间存在着共同的祖先。

当然，不仅仅是那些抱有学术热情的人对古代信仰充满好奇，也不仅仅只有那些编织想象之网的人想要借助它的力量。许多人都对古代众神感到一种情感或精神上的牵引。为一个伟大的工

白了解过去对信仰研究的重要性。据说，如果让古埃及人解释他们的信仰，他们不会明白你的意思。对古代人来说，将神圣与世俗分离是不可能的。他们生活的方方面面都与某位神明有关，生命中的所有重大事件，从受孕到死亡，到轮回转世，都由某位神明掌管。要他们区分神圣与世俗，就如同要求物理学家将他们对世界的理解与方程区分开一样绝无可能。

深入古人的思维方式对人类学家、历史学家和考古学家而言至关重要。研究比较古代信仰不仅可以揭示很多古代的信息，还可以反映不同文化之间未知的思想传播过程。许多多神教信仰愿

▲ 如今，冰岛对北欧神明的信仰无处可去，但一座新神庙将改变这一现状

奥萨特鲁（Ásatrú）——北欧众神的重生

冰岛是人类想象力的沃土，大片荒无人烟的土地极易诞生出精灵。实际上，许多现代冰岛人确实坚信精灵和其他超自然力量存在于他们的岛屿上。因此，作为维京先祖的北欧众神在今天重生或许并不奇怪。

奥萨特鲁是北欧信仰重生后的名字，是冰岛发展最快的宗教。自1973年以来，它已经获得国家的正式认可，可以主持婚礼。尽管遭到一些基督教主教的反对，奥萨特鲁仍然在冰岛站稳了脚跟，千年来，北欧众神第一次重新受到了崇拜。

目前还没有神庙供奥萨特鲁的信徒聚会，一座正在建设中的神庙预计将于2019年底完工[①]。建成后，这座神庙（用古挪威语称为"hof"）将作为进行奥萨特鲁宗教仪式的场所。在荒野流浪一千年后，北欧众神终于拥有了永久的归宿。

---

① 该神庙于2015年起开始建设，截至2022年，神庙的办公区域已经投入使用，但尚未对大众开放。

研究比较古代信仰不仅可以揭示很多古代的信息，还可以反映不同文化之间未知的思想传播过程。

程命名时，人们常常会想到古代神明的名字，因为他们给人一种宏伟感，且似乎超然于世俗琐事之外。"阿波罗计划"如果不叫这个名字，飞船仍能抵达月球，但听起来就没那么浪漫了。

一些人觉得自己与遥远的古代诸神之间的联系异常强烈，甚至开始重新崇拜他们。如今，在许多国家都可以见到不同的宗教。在冰岛，人们正在建造千年来首座供奉北欧诸神的神庙；在希腊，人们再次为古希腊众神献上了颂歌。对这些

新信徒来说，研究古代信仰不仅是出于枯燥的学术目的，而且还代表了一种真实而又生动的信仰。他们中的一些人试图复兴对特定古代神明的信仰，另一些人则乐于借用来自多种文化的故事和神明来构建自己的合流信仰体系。如果某个神话故事——比如宙斯从他的脑袋里生出雅典娜，或奥丁用眼睛换取智慧——对他们来说仍蕴含着某些基本的真理，那么他们就会借用。

有些人可能觉得这样使用古代神明是对他们的贬低，但这是站在今人的角度来看待古代世界。在任何古代文化中，从来都不存在一套统一的、静态的信仰，这些活生生的信仰往往历经数千年的演变。我们如何使用古代神明只是这个永无止境的故事的最新篇章。或许从这个角度来说，古代诸神确实是不朽的。

▲ 如今，人们借用古希腊的神话传说复兴了近2000年来无人奉行的宗教

21

苏美尔诸神

———— ◆ ————

苏美尔文明，人类最古老的文明之一，
强大而又可怖的神灵涌现而出，成为第一代城市的统治者

作者：本·加祖尔

已知最早的书面文字是由约公元前3000的苏美尔人发明的。当考古学家第一次在今日伊拉克南部挖开埋葬着苏美尔城市的古冢时，成千上万镌刻着楔形文字的黏土板块从地下涌现出来。破译这些文字花费了许多年的时间，但最终人们得以阅读它们。那些古代苏美尔的男神和女神从生动鲜活的诗歌和赞美词中一一浮现。

既然现存最早的文本中已经出现了众神的身影，那么苏美尔信仰的产生肯定要早于文字的发明。可能还有其他更古老的信仰，但第一个被记录下来的是苏美尔城的信仰。这些对神灵和宇宙的观念至今仍让我们惊艳不已。

宇宙学与创造

世界起初是一片汪洋。苏美尔泥板记述的故事描绘了"在那些日子，在那些遥远的日子里，在那些夜晚，在那些遥远的夜晚，在那些岁月，在那些遥远的岁月里"发生的事情。起初，世间只有一片原始盐海，盐海化身为女神纳姆（Nammu）。有些文献将这第一位女神称为"孕育了天地的母亲"，事实上，她确实诞下了最早的神明：天空之神安（An）和大地之神基（Ki）。在最初的日子里，大地和天空并不分离，而是混合在一起、彼此接触的，因此没有物种能像今天这样生存。然而，这种境况却给了安和基相遇和交合的机会，从他们的结合中，风神恩利尔（Enlil）诞生了。

▲ 为确保神明能感受到敬意，人们会在神庙中建造他们自己的雕像，以证明他们的虔诚

和许多其他古代信仰一样，第一代神明的儿子会给他的父亲带来大麻烦。恩利尔分开了天空和大地，他把天空留给了安，却把大地据为己有，还夺走了自己的母亲。有些人认为，安代表的是一位古老的神明，他距离人类太远，崇拜他不会带来什么好处。初代神明的子孙扮演更重要的角色，这是许多神话传说中反复出现的主题。

安仍然是一位强大的神。他的话语就是普遍的法则，神圣不可侵犯。但安生活在天穹的最高处，很少与人类接触。对苏美尔人而言，世界是一个由三层石圆顶覆盖的圆盘。后来的巴比伦文献告诉我们，第一层圆顶是由碧玉制成的，是星星居住的地方；第二层是较低级神明的家园；只

有强大的神灵与安一起居住在最外层的圆顶中。每一层穹顶的东西两侧各有一扇由神祇把守的大门，太阳神乌图（Utu）每天驾驶他的战车穿过大门。

但当时宇宙仍然主要由水构成。安的天穹阻止了上方的水淹没地球。巴比伦地图将地球表示为一个被水包围的圆盘。地球上方及周围是原始盐海，但地球下方是被称为阿勃祖（Abzu）的淡水海洋。阿勃祖本是一位神明，但被智慧之神恩基（Enki）催眠，让他平静地流过美索不达米亚人赖以种植庄稼的灌溉渠道。

恩基的智慧与魔法在创造人类的过程中发挥了至关重要的作用。在人类诞生的前一天：

当众神像人一样，

工作并遭受损失，

神之辛劳是巨大的，

工作是繁重的，痛苦是深刻的。

安下达指令，众神应有仆人为他们工作。恩基将一位自我牺牲的神或恶魔的血与黏土混合，塑造了第一个人类的形状。恩基将他们的灵魂和黏土做的身体结合到一起，并赠予了许多礼物，让人类能够在文明中共同生活。但与此同时，他也并不介意嘲弄自己的造物。恩基曾经创造了一个无用的生物——一个无法行走、无法说话、无法进食的生物，并向另一位神发起挑战，让对方找到这个生物身上的可取之处。当对方无法做到时，恩基给这个生物取名为"婴儿"，并让它到世界上去寻找自己的出路。

众神

和许多信仰多神的宗教一样，苏美尔神明数量庞大。每位神明都有多种属性，他们掌管的领域也可能重合。统治者常常会祈求众神的领袖安赐予他们智慧，也可能召唤活力充沛的恩利尔来

▲ 苏美尔众神的许多行为都与人类别无二致。此图展示了伊南娜和杜木兹（Dumuzi）的婚礼

虽然苏美尔众神给人的感觉十分人性化，但他们身上也有深不可测的神秘之处

每位神明都有多种属性，他们掌管的领域也可能重合。

赋予自己统治者的力量，或者请教明智的恩基如何领导人民。那么王权之神到底是谁呢？目前拥有的证据较为零散，答案存疑，但从中我们仍可以了解许多神和神话。

安、恩基和恩利尔是苏美尔众神的核心三神，但苏美尔人认为"七位颁布法令的神"是最强大的神。他们分别是天空之神安、智慧之神恩基、风和风暴之神恩利尔、山川女神宁胡尔萨格（Ninhursag）、月亮之神南纳（Nanna）、太阳神乌图、爱情和战争女神伊南娜。这些男神和女神往往和配偶们成双成对，共同承担神圣的责任。

苏美尔的神明太多，无法在一篇文章中一一列举。有些神明因其伟大事迹而受人喜爱，如尼努尔塔（Ninurta）；有些神，如冥神埃列什基伽勒（Erishkigal）和她的丈夫涅伽尔（Nergal）因掌管死亡和疾病而令人畏惧；还有一些神明可能只存在于某些地区，只有少数人崇拜。

苏美尔神明和人类相似，也享受婚姻，但许多传说还详述了很多除婚姻之外的关系。苏美尔诸神的谱系就像蜘蛛网一般交织在一起，并非所有关系都是符合礼法的。儿子可能和母亲发生关系，也可能和兄弟姐妹发生关系。无论父母是谁，后代往往让人印象深刻。大多数神的孩子也是神，但有时人类也可能拥有神的血统。传说中的英雄吉尔伽美什自称为"三分之二的神"。人们认为许多古代神话中的英雄都至少具有部分神性。

全球大洪水

美索不达米亚的字面意思是"在河流之间"。古时，底格里斯河和幼发拉底河曾爆发过毁灭性的大规模洪水。因此，洪水渗透进当地神话也就理所当然了。在苏美尔文献中，恩利尔神决定用洪水淹没整个地球并消灭人类。苏美尔之后的文明书写这场大洪水时，提出这场洪水的起因是人类太吵闹，打扰了神的睡眠。

在这个故事的各个版本中，都会有一位被选中的英雄，恩基神会让他建造方舟，带领人类渡过难关。对苏美尔人而言，这位英雄是朱苏德拉（Ziusudra），在其他文化中，他是阿特拉哈西斯（Atrahasis）或乌特纳匹什提姆（Utnapistim）。不管英雄叫什么名字，他都会按照指示，在众神打开穹顶、让四周的海水涌入时建造一艘巨大的船。当海水退去，人类英雄才离开这艘船，人类再度被允许存在。

19世纪，记录这个故事的文本第一次被翻译出来，这在基督教中掀起了一场风暴。有些人认为，圣经故事是从其他故事衍生来的，这种观点冒犯了他们的信仰。也有一些人认为这能证明挪亚方舟的故事确有其事。

▲ 乔治·史密斯翻译了美索不达米亚的洪水神话，重新定义了字面意义上的《圣经》的概念，引发了争议

27

死者之国

公元前 4000 年至前 3000 年的苏美尔墓葬中常能发现骸骨边上有随葬品。给人的印象是死者在"地下"也需要一些食物、家具和娱乐用品。如果这些物品有其用途，那么后人可能就会猜测死亡并不是苏美尔人的终结。在他们的神话中，我们确实找到了死者的去向。阿勃祖下方的幽暗处就是死者的住所，被称为库尔（Kur）或伊里伽尔（Irkalla）。

人们往往会忘记，博物馆中的枯骨曾经是和我们一样生机勃勃的人。在《吉尔伽美什史诗》中，英雄吉尔伽美什的朋友恩奇都意识到自己不是不朽的，并且很快就会死去。"所以现在我必须变成一个鬼魂，与死者的鬼魂坐在一起，才能再次见到我亲爱的兄弟！"他确实死去了，吉尔伽美什为他哀悼，这也让吉尔伽美什意识到自己

并非永生，推动了故事后续的发展。

> 我就要死了！我和恩奇都有何不同？
> 深深的悲伤贯穿了我的心，
> 我惧怕死亡。

吉尔伽美什踏上了冒险之旅，寻找永生之道。从对苏美尔地下世界的描述中不难看出，为何即使是最强大的战士也会对那里产生恐惧。

在《伊南娜下阴间》（*Inanna's Descent into the Underworld*）这首诗中，爱与战争女神伊南娜造访了死者之国。她的姐姐埃列什基伽勒是掌管冥界的女神，伊南娜在她的丈夫死后前去安慰她。看门人警告伊南娜说："你来到的是不归之地。"而伊南娜只是将自己的侍臣宁舒布尔（Ninshubur）留在了人间，好在她回不来的时候去请其他神明来救她。在这个过程中，伊南娜告诉宁舒布尔如何哀悼她的女主人，揭示了苏美尔

不断演变的神明

伊南娜是爱与战争女神，至少从公元前 4000 年起就受到人们的崇拜，且在之后的数千年里一直是被信仰的对象。在传说中，她是一位反复无常的神明，这也就难怪她的形象在几个世纪的时间里不断发生变化了。

伊南娜也被阿卡德人称为伊什塔尔（Ishtar），她本性好斗，在神话中为人津津乐道。现存关于伊南娜的故事比其他任何神都要多。阿卡德神话中的"伊什塔尔"可能美化了伊南娜的许多暴行。伊什塔尔作为战争和生育女神杀死了许多男人，因此埃亚（Ea）神用指甲下的污垢创造了一位"不和女神"与她竞争。伊什塔尔见埃亚这样讽刺自己，允诺不再暴力行事。

对亚述巴尼拔国王统治下的亚述人而言，伊什塔尔是他们神明中的主神。在迦南和腓尼基信仰中，伊什塔尔演化为女神阿斯塔特（Astate），也称亚斯他录（Ashtoreth）或亚舍拉（Asherah）。腓尼基人将阿斯塔特带入塞浦路斯之后，她似乎以阿佛洛狄忒的身份成了古希腊神明——传说阿佛洛狄忒就出生在塞浦路斯。爱神在这么多地方反复受到爱戴，真是一件奇事。她外貌多变，似乎也情有可原，毕竟，美由心生。

◀ 许多古代信仰中的爱情女神都可以追溯到苏美尔的爱与战争之神伊南娜

▲ 除众神之外，苏美尔人还描绘了鸟形的恶魔，名为安祖（Anzu）

死亡仪式的方方面面。伊南娜说：

"当我到达地狱时，请在废墟上为我哀悼。在圣所里为我击鼓。为我巡视诸神的殿堂。为我撕裂你的眼睛，为我撕裂你的鼻子。在大众面前，为我撕裂你的耳朵。私下里，为我撕裂你的臀部。"

伊南娜从来不是一位圆滑的神明，她不小心坐上了她姐姐的王位，死者们的判官转而攻击她，只一瞥，伊南娜就"变成了一具尸体，还挂在一个钩子上。"伊南娜理应对被困地下世界感到恐惧，正如她描述的那样，死者的灵魂"失去了光明，以尘土和黏土为食。他们居住在黑暗中，穿着像鸟一样"。生者若希望自己死去的亲人能吃上比尘土更好的东西，就要在死者的坟墓前摆上酒。

在神话中，伊南娜因恩基的帮助而复活，并被允许重返人间。不巧的是，她发现她的丈夫杜木兹并没有为她的死而哭泣，就让他代替自己到地狱里受折磨。协议达成，伊南娜获释。杜木兹还要再过一段时间才能从冥界得到救赎。

神明的本质

苏美尔神明和人类是同一个宇宙的一分子，他们不是人类无法想象的超凡存在。他们生活、结婚、生育，有时甚至也会死亡。因此，对苏美尔人而言，诸神是他们在生活中真正需要考虑的因素。要充分了解苏美尔人的生活方式，就必须了解苏美尔信仰中都有哪些神明，以及苏美尔人如何崇拜他们。

实际上，苏美尔人认为神明居住在地面上。

苏美尔人对神殿的称呼是"房屋"。在尼普尔，恩利尔住在"山之屋"，而安和伊南娜则住在乌鲁克的"天之屋"。有迹象表明，目前已知最早的神庙是在前一座神殿的基础上重建的。许多神庙仍然位于地面，但随着时间推移，有些神庙演变成了顶部建有神庙的山丘，由此发展出了最震撼人心的金字形神塔。

金字形神塔是一层层平台搭建起来的高耸入云的高塔。有些人会将金字形神塔的发展与《圣经》中巴别塔传说的起源联系起来。巴别塔的意思是通往天堂之塔，金字形神塔确实会将祭司送往高空，因为建筑顶部的平台是供奉神明的神庙。为马尔杜克（Marduk）修建的金字形神庙达到了惊人的91米。

我们知道，后期的苏美尔神庙中摆放有用于祭祀的雕像。这些雕像代表了地面上的神，且在某种意义上来说，人们认为神明存在于雕像体内。崇拜者每晚都会为雕像提供食物、衣服，并让它上床睡觉。音乐和其他娱乐活动也会被用于取悦神明。在特殊的庆祝活动中，神明可能会绕着城市游行，甚至拜访其他城市。

苏美尔人还会为神明祭祀、宰杀动物。在宗教场所曾发现大量烧焦的鱼骨，表明神明对鱼可能有特别的嗜好。祭祀通常是在距神庙稍远的特殊场所或沟渠地带进行的。一般来说，苏美尔诸神和他们的人类仆从吃一样的食物。实际上，神庙中供奉的大部分食物都是由祭司吃掉的。诸如最好的肉、奶酪和啤酒之类的奢侈品会受到神明的嘉奖，同时，他们也喜欢焚烧香水和香薰。

除了这些简单的祭品之外，家具或装饰品等其他用于服务男神或女神的礼物也会被送入神庙

的宝库。那些希望神明记住自身虔诚的祈祷者可以把自己的雕像供奉在神灵面前，以表达永恒的虔诚。其中一些雕像至今仍存于世。

众神生活在地面上的思想带来的结果之一是他们在人类的事务中发挥了直接的作用。每个城市都有自己的保护神。凡是有苏美尔人定居的地方，所有神明都可能受到崇拜，但苏美尔人认为一座城市里只会有一位神明居住。

三位主神中的安居住在乌鲁克，恩利尔居住在尼普尔，恩基居住在埃利都。埃利都被认为是世界上最早的城市，而恩基作为城市的守护神，给予了人类创造文明的工具。

随着时间的推移，神明可能在城市之间更替转移。

苏美尔诸神并非超然的存在……他们生活、结婚、生育……甚至死亡。

最后更活跃的女神伊南娜取代了安在乌鲁克伊安娜神庙的位置，伊南娜似乎喜欢从其他神那里拿走东西。在一首诗歌中，她前往恩基的家乡并把他灌醉，这样她就可以窃取代表文明的属性，将其带回自己的乌鲁克。

神明有时可能是一座城市的直接统治者，比如在尼普尔，那里的居民自称恩利尔是他们的国王。正因有这位神圣的统治者，他们觉得自己不需要人类领袖。苏美尔的城市大多彼此独立——至少在早期是这样，因此每个城市都需要单独管理。当然，大多数神明都是相当沉默寡言的，只有祭司才能解释他们想要什么。在苏美尔，祭司的团体非常强大。

苏美尔人称呼王或者统治者为"卢伽尔"（Lugal），意为"大人物"。但苏美尔人认可不同类型的领导力。"恩西"（Ensi）也可能是城市的统治者，不过是作为卢伽尔的下级。在拉格什，当地的"恩西"将他们的守护神尼努尔塔称为

► 一些神明依旧成谜。尼萨巴（Nisaba）是书写女神，在埃雷什（Eresh）城受到崇拜，但人们始终没有找到这座城市的位置

他们的卢伽尔。被称为"恩"（En）的领导人最初是祭司，同时也在城市经济中发挥着重要的作用。最终，卢伽尔和恩的职责融合在了一起，王权和祭司职权合二为一。后来的美索不达米亚国王从仅仅与神有直接的联系，变成了神的化身。尽管神作为王的现象在美索不达米亚消失了，但王权仍然带有神的气息，因为许多统治者声称自己是由众神直接任命的。

对后世信仰的影响

我们无法对苏美尔信仰进行明确的定义。一切都随着时间而改变，信仰也不能免受人类进化的影响。最早的文献可能为我们提供了苏美尔人最早的信仰的线索，但后来苏美尔人又向他们的神明体系引入了新的故事，甚至新的神。安到底是第一位诞生的神，还是其他神明的子嗣？连苏美尔人也无法达成一致。

谈论整个美索不达米亚地区的信仰则更加困难。苏美尔城邦首先于公元前2300年左右被阿卡德人征服，接着又被其他民族征服，苏美尔的信仰被外来者吸收并与后者的信仰结合。这些后来文明的许多文本记录的故事与苏美尔原本的故事相似，但又不尽相同。尽管苏美尔语到公元前2000年前后就不再是一种口头语言，但直到公元1世纪，它仍以楔形文字的形式继续用于记录宗教和仪式文本。苏美尔语仍然是美索不达米亚的宗教语言。

对美索不达米亚地区进行文化统治的人们将他们的神明传播到了其他地区。伊什塔尔是由伊南娜演变而来的女神，后来出现在赫梯神庙中。在南阿拉伯的部落中，三位来自苏美尔的主神南纳、伊南娜和乌图被视为极其神圣的存在。时至今日，《圣经》中仍能找到苏美尔信仰的痕迹：巴别塔和巴比伦金字形神塔的相似之处是显而易见的，《创世纪》中的洪水神话在很多方面都与比《圣经》文献早数千年的楔形文字中记录的洪水相似。苏美尔人可能已经消亡，但我们至今仍能感受到苏美尔信仰的影响。

31

乌鲁克城中安的神庙，又称白庙，
曾是一座壮观的亚字塔形神庙

安：天空之神

安和基是苏美尔所有神明的先祖，掌管着天界最高层

作者：本·加祖尔

最早的苏美尔文献中没有提及安（或称安努）的来源。人们单纯地认为他一直是苏美尔人的主神。安与天空的联系极为密切，以至于人们用他的名字来指代天空，在源文本中很难分清"安"指的是天空还是神明。根据苏美尔神话，天界是世界顶部的三层石制圆顶，安居住在最外层，这里同样也是最美丽的地方。

后来的传说中写道，安是原始海洋女神纳姆的儿子，纳姆还生下了一个女儿，名为基。安是天空，基是大地，他们的孩子恩利尔是风暴、风雨之神，将天空与大地分开，并从此统治了大地。此后，"基"在苏美尔神话中几乎没有出现，我们也没有发现专门为她建立的崇拜场所。世界的这种划分就代表着安这个曾经最强大的神在苏美尔信仰中被他的儿子篡夺了权力。许多神话中的众神之父都是这样一个遥远的形象，基本远离人类的领域，而他的孩子们则对人类更有影响力。安的形象在考古证据中十分少见，甚至几乎没有，但在乌鲁克，一年间的几个特定的日子里，祭司会背诵着咒语抬着安的雕像在街道上穿行。这是安被直接崇拜的少数例子之一——在文字记录出现时，他就已经几乎是一个完全不存在的神了。作为众神之父，安将自己的力量移交给了众神。伊南娜在一首诗中说，她的力量来自安——"在整个天界中，安让我感到恐惧。"

伊辛（Isin）城的统治者里皮特·伊什塔（Lipit-Estar）在赞美诗中称安为"威严的主，卓越的、拥有最复杂神力的、所有神明的全能祖先"。正因安是宇宙规则的制定者，那么也就是他将王推上了王座，值得统治者花时间取悦他。赞美诗中继续说道："安之所言，坚不可摧；众神无一反对。"招惹我，就是招惹安，这是里皮特·伊什塔的言外之意。

▲ 对统治者而言，君权与安之间的联系至关重要。此处乌尔纳姆王印章中的八芒星即代表安

埃列什基伽勒与涅伽尔：
死亡的统治者

———·———

苏美尔的地下世界由掌管死亡和治愈的两位强大神明统治

作者：本·加祖尔

埃列什基伽勒是女神伊南娜的姐姐。伊南娜是战争和爱这两个略显矛盾的领域的女神，与之类似，埃列什基伽勒则是兼管生与死的女神。伊南娜是天界的女王，而埃列什基伽勒则是苏美尔冥界库尔的女王。埃列什基伽勒曾有一位名为古伽兰那（Gugalanna）的丈夫，但他似乎已经去世了。

伊南娜下至冥界时，说自己是来悼念古伽兰那的。有人认为古伽兰那是英雄吉尔伽美什与之战斗并杀死的天之公牛，这解释了这位神明为什么会死去。伊南娜前去拜访她的姐姐，来到了埃列什基伽勒位于冥界的宫殿门前。这座宫殿由七座大门把守，所有大门都有看守，都可以拴上，以防有人闯入或想逃脱死亡。

古伽兰那死后，埃列什基伽勒与涅伽尔结了婚。埃列什基伽勒代表了死亡这个完整的概念，而涅伽尔则是由武器和瘟疫造就的死亡之神，可以想见涅伽尔对埃列什基伽勒的追求有多

么暴力。某天，诸神正在举行一场宴会，但作为冥界的统治者，埃列什基伽勒公务繁忙，无法出席。她派她的儿子去取回她的那份食物，所有神明都站起来表示对埃列什基伽勒的尊重，只有涅伽尔除外。埃列什基伽勒听说涅伽尔的不敬之举后，要求将他送到冥界接受惩罚。在通往她的王座的道路上，涅伽尔在每扇大门处都安排了一对恶魔来守卫自己的退路。他并没有展现出自己的谦卑，而是抓住了埃列什基伽勒并威胁要用斧头杀死她。埃列什基伽勒为自保答应与涅伽尔共享自己的领地并成为他的妻子。由于涅伽尔保持了生者世界和死者世界之间的通路，他被允许每年有六个月的时间前往地面，这通常是古代世界发生战争的时期。除了作为一名战士之外，涅伽尔对恶魔的掌控使他对苏美尔人格外重要，因为对苏美尔人来说，世界上的许多祸害都是由恶魔造成的。因此，涅伽尔的力量被用于驱除邪恶，他能够吓退低级的恶魔。

此处展示的是夜之女王浮雕（Burney Relief），图片还原了它艳丽的色彩。有人认为该浮雕描绘的是伊南娜，但也有人认为它描绘的是伊南娜的姐姐埃列什基伽勒

▶ 恩基有驱除恶魔和赐福的能力

▲ 恩基生活在地下供养的泉水
中，对苏美尔人十分重要。图
中，他被一条溪流包围

恩基：足智多谋的智慧之神

恩基是苏美尔传说中最受欢迎的神之一，
对神和人类面临的问题，他总有答案

作者：本·加祖尔

恩基（后来被称为埃亚）是苏美尔文明之礼"密"（Me）的守护神，这份礼物中包含王权、各种技艺、法律等，同时，他还掌握着智慧、净化、驱魔等权能。恩基将其中的一些礼物转赠给了其他神明，但作为其中大部分礼物的持有者，他是苏美尔最重要的神之一。他还是一位魔法大师，在许多仪式中都曾出现，因为苏美尔人相信疾病和厄运是由恶魔引起的，而恩基是能够驱逐恶魔的神。

在肖像画中，恩基常被描绘成一条满是鱼的小溪。这是因为在神话中，当阿勃祖（整个世界下层的淡水海洋）厌倦了新神的吵闹时，是恩基使用魔法让阿勃祖沉睡，通过灌溉渠道输送变得温和的淡水让苏美尔人得以繁荣发展。作为智慧之神，恩基有创造新事物的能力。后来的巴比伦神话告诉我们，恩基从黏土中创造了人类，让人类服侍神明。而在恩利尔厌倦了人类并降下洪水要灭绝人类时，是恩基向人类发出警告，让他们建造方舟，将人类从灭绝的结局中拯救了出来。他对人类的关怀使他有别于其他苏美尔神明，其他神明对人类的生命似乎都是不屑一顾的。

恩基的妻子是达姆加勒努那（Damgalnunna），但他还有一位情人，女神宁胡尔萨格——圣山之主。宁胡尔萨格拥有生育的能力，协助恩基完成过一些创造。达姆加勒努那和宁胡尔萨格有时会被混为一谈，有时又被当作两位不同的女神。恩基和宁胡尔萨格的女儿是植物女神宁萨尔（Ninsar），他与宁萨尔还有一个女儿——牧场女神宁库拉（Ninkurra）。恩基与宁库拉交合之后又生下一个女儿乌图（Uttu），乌图并不想和恩基交合，甚至孕育出了毒害恩基的植物。直到恩基丧失能力，乌图才生下了八个孩子，每个孩子都是强大的治愈之神，她让这些孩子救了恩基。要理解恩基的家庭关系恐怕得拥有他本人的智慧。

恩利尔: 众神之王

恩利尔是伟大的安的儿子，他取代了自己的父亲，成了苏美尔诸神中的主神

作者：本·加祖尔

对古代苏美尔人而言，三位主神拥有宇宙中最强大的力量。安是众神之父，他的话语就是律令。恩基是智慧的创造之神。恩利尔是众神之主，统治着天上的神明，控制着地球上的生命。是恩利尔将他的父亲天空之神和母亲大地之神分开，创造了今天的世界。恩利尔与生俱来的力量可以战胜风暴、雨水和大风，其他神明也尊重他。当人类制造了太多噪声打扰了恩利尔的睡眠时，他下令用洪水消灭人类。在他心软之后，人类才被允许重返世界。

恩利尔被称为"万国之王""黑头人之父""备受尊敬之人"。他的名字代表了天上和地上的领袖。国王乌尔纳姆曾夸口说："恩利尔……赐予我王权。"作为尼普尔城的守护神，人们在那里为恩利尔建起了一座名为"山之屋"的神庙，那里是恩利尔崇拜的中心。这座神庙宏伟异常，一首诗中写道："恩利尔的房子高高耸立，富丽堂皇；其间一座山，雪松芳香。"作为万物的统治者，恩利尔的地位极其重要，以至于

尼普尔没有建造任何宫殿，只为表明他确实是这座城市的王。其他国王会前往他的神庙，以祈求恩利尔认可他们的王权。

许多苏美尔神话中都有恩利尔的身影，但他本人通常并不直接参与，而是派其他神去冒险或为他们提供建议。一个例外是某个讲述恩利尔以不守常理的方式追求妻子宁利勒（Ninlil）的传说。当时，宁利勒正沿着尼普尔圣河的河岸散步，恩利尔看见了她，立刻爱上了她，两人发生了关系。其他诸神认为恩利尔不再纯洁，将他放逐到地狱。宁利勒追随他到了地狱，但恩利尔却伪装成冥界的各位看门人，假装不知道恩利尔去了哪里。宁利勒每次来到门前，恩利尔就引诱她。从他们的交合中诞生了月亮之神南纳、冥界之神涅伽尔、治愈之神尼纳祖（Ninazu）和监管运河的神明恩布鲁卢（Enbilulu）。涅伽尔、尼纳祖和恩布鲁卢后来留在了地狱，恩利尔、他的妻子宁利勒和婴儿南纳回到了地上。

▲ 如今恩利尔的宏伟神庙"山之屋"已是一片废墟，但许多国王都曾经来此朝圣

▲ 许多人都会到尼普尔的恩利尔神庙来献礼。这段铭文是拉格什国王古地亚（Gudea）的献词

▲ 南纳，通常以新月为象征，出现在许多国王图像的上方
▼ 乌尔的宏伟金字形神塔是南纳在地面上的住所，也是城市的中心

南纳：月亮之神

—— ◆ ——

南纳被称为"王，横渡天空的圣驳船"，掌控着人的生命周期

作者：本·加祖尔

月神南纳是苏美尔最重要的神明之一。在众神的名录中，他经常被排在安、恩基和恩利尔三位主神之后。南纳是恩利尔的孩子，在众神中拥有特殊的地位，且被任命为伟大的乌尔城的守护神。整座城市都被南纳神庙所在的金字形神塔的阴影笼罩，这座神塔被称为"伟光之屋"（The House of Great Light）。乌尔城的影响力扩大之后，对南纳的崇拜也随之传播，他在苏美尔信仰中的作用也越来越大。南纳最早是月亮的化身，后来开始代表智慧，有时被称为天界之王。

在苏美尔早期的神话中，南纳曾向恩利尔献上第一批收获的果实，我们可以明确地看出，此时他还不是众神的领袖。南纳在他的船上收集了所有应该供奉给众神之首的好东西，他把肥羊、公牛、鸡蛋、芦苇和油带到了父亲的住所。他的父亲奖赏他的努力，让杂役"把甜蛋糕送给吃甜蛋糕的小家伙。把甜蛋糕送给我爱吃甜蛋糕的

南纳吧"。

因为新月与公牛角形状相似，所以南纳的象征物是一头公牛。有一首长诗描写了南纳的公牛，这可能也表示南纳有农神的权能。南纳因他的力量成为国王最喜爱的神祇。一位国王因保护南纳而受到赞美，甚至被比作南纳的公牛："你对敌视南纳的异乡人怒言相向。你有着华丽的角，就像一头雄健的野牛。"

南纳的妻子宁伽尔（Ningal）是芦苇女神，在美索不达米亚沼泽地饲养牲畜的牧民尤其喜爱她。南纳与宁伽尔是乌图、伊南娜和埃列什基伽勒的父母。

由于月亮圆缺与人的生育周期存在联系，希望怀孕或即将分娩的女性便开始向南纳寻求庇护。一首诗以对话的形式记录了南纳在他的一头母牛诞下小牛时对它说的话，他用自己的力量来抚慰它的痛苦。这首诗以祈祷结束，祈求读到这首诗的女性能像诗中的母牛一样顺利生产。

乌图：太阳之神

—·—

在一片阳光炽热的土地上，
太阳之神既是强大的盟友，也是可怕的敌人

作者：本·加祖尔

灿烂的阳光即是乌图力量的象征，因此，乌图一方面是通过散发光芒促使植物生长从而有益于人类的保护神，另一方面，如果他带来干旱，则会成为可怕的敌人。他驾驭着太阳战车执行正义、道德和真理，没有人能逃过他的目光。在对乌图的赞美诗中，人们描述他拥有青金石般蓝色的胡须，长相俊美，容光焕发，也拥有惊人的力量。"当我的王出现时，天空在他面前颤抖，大地在他面前震颤。"

每个白天结束时，乌图都会通过西方一条长长的隧道离开人间，回到天界圆顶之上，早晨则通过东方的另一条隧道返回人间。圆柱形印章展现了乌图的每日行迹，他最后要穿过一扇由两位神明守护的大门。吉尔伽美什的任务之一就是要在太阳神归来之前疾跑穿过其中一条隧道，这很可能会导致这位几乎等同于人类的英雄的惨死。

遇到法律纠纷时，可以拿出神庙中的一件物品，让双方宣誓。对乌图来说，这件物品是一把

弯曲的大齿锯，图像中的乌图常常手持着这把大齿锯。作为掌管蔬菜生长的神，他无疑有很多修剪工作要做。在图像中，乌图的太阳符号往往由充当他侍从的蝎人手中举起。

乌图可以成为强大的盟友。在一个传说中，乌图帮助杜木兹逃离了将其拖入冥界的恶魔，而在《吉尔伽美什史诗》中，他帮助吉尔伽美什对抗可怕的胡瓦瓦（Huwawa）。巴比伦文献将太阳神描绘成旅行者和商人的守护神，因为他能在崇高的位置看到一切。

乌图的妻子是光明女神塞丽达（Serida）。作为太阳神的伴侣，她与太阳神共享了为地球带来生命的权能，也和乌图一样对人类充满兴趣。塞丽达和乌图有时会受人委托干预人类事务，比如吉尔伽美什的母亲曾拜托塞丽达让乌图在太阳落山时照看她的儿子。吉尔伽美什大多数时候都能安然无恙地度过考验，由此可见与乌图和塞丽达成为盟友是一件有利的事情。

▲ 后来亚述人崇拜的太阳神为沙马什（Shamash），他们将其描绘成一位促进植被茂盛的长着翅膀的神

◄ 太阳神以人类形态出现时是一位留着飘逸胡须的年长者，手里拿着仪式用的物品

▲ 乌图的太阳圆盘是美索不达米亚艺术中的常见符号，尤其常在国王的画像中出现

伊南娜，或阿卡德人所称的伊什塔尔，她的许多图像留存至今，且都描绘出了一位光彩夺目的女神

48

伊南娜：可怖的爱之女神

伊南娜是苏美尔最受尊敬、最令人敬畏的神明之一。
她美丽如受珍视的爱情，暴怒如遭背叛的爱情

作者：本·加祖尔

伊南娜被称为"天之女神"，是苏美尔人爱、性、生育和美的守护神。另一方面，她还是掌管战争、侵略和正义的神明。正如金星有时在早晨出现，有时在晚上出现，她的本性也是多变的。她神性的两个方面在与她相关的神话中得到了充分的探讨。

在最早的神话中，伊南娜是一位与农作物生长和田地肥沃有关的植物之神。她的象征物是一根顶部系成环的芦苇，在苏美尔最早的文献记录中就已经出现，且被列为主神之一。后来的传说认为伊南娜是一位强大而又可怕的神明，在《吉尔伽美什史诗》中扮演主要的角色。伊南娜是乌鲁克城的守护神，而乌鲁克城又受到吉尔伽美什的统治，无怪乎伊南娜想要这位傲慢的君主屈从于自己。

在史诗中，伊南娜试图引诱吉尔伽美什，但吉尔伽美什拒绝了她的示爱，指出伊南娜的情人往往没有好下场。伊南娜听罢，把一个牧羊人变成了狼，把一匹名贵的公马变成了供人套上缰绳骑乘的野兽。为了报复吉尔伽美什对自己的侮辱，伊南娜威胁说要复活死者，创建一支抢掠的僵尸大军，向吉尔伽美什复仇。

后来的国王召唤伊南娜做他们的保护神时，伊南娜往往以暴怒的姿态出现，阿卡德的萨尔贡（Sargon）在战斗中向她求援时就是如此。许多人仍然将她视为爱情女神，曾发现古人在单相思的情况下向她寻求帮助的铭文。伊南娜与杜木兹之间的计划婚姻被认为是神圣的婚姻，将人类世界与神明联系在一起。新年伊始，国王会更新与伊南娜之间的盟约，以让伊南娜再次守护自己的城市。

杜木兹是苏美尔的牧羊人之神，他的神婚十分棘手。在《伊南娜下阴间》的故事中，女神被困在幽暗的死亡国度中，她说服看管她的恶魔，让他把她的丈夫拖下冥界来代替她，这才得以逃脱。而在《杜木兹归来》(*The Return of Dumuzi*)的故事中，伊南娜又在哀悼她的丈夫，最后设法让他每年能有一半的时间获得自由。谁说爱情不是复杂的东西呢？

▲ 伊南娜与杜木兹的婚姻常受人争议，图中所示场景是杜木兹被拖入冥界并受到恶魔的折磨

叙利亚古城巴尔米拉是一座文
化熔炉，曾是该地区所有多神
教信徒的家园

《圣经》之前的信仰

古代近东和中东的多神教习俗早于
后来那些耳熟能详的信仰

作者：阿普里尔·马登

　　提到近东和中东，人们就会想到《圣经》中的宗教——犹太教、基督教，以及伊斯兰教。这三种信仰与其诞生地，尤其是耶路撒冷有着密切的联系。但从沙漠和肥沃的绿洲、山区高地和传统上被称为文明摇篮的大河中兴起的宗教并不只有它们。

　　埃及、苏美尔和其后的阿卡德、巴比伦文明都聚集在古代近东及中东地区，对该地区的社会、道德和宗教思想产生了影响。从人类学角度来看，在考古过程中往往能在该地区的侧翼丘陵和新月形的沃土上发现一些可能是最早文明的蛛丝马迹，比如农业和城市建设。

　　古黎凡特（Levant）曾是一个信仰多神教的地方，《塔纳赫》(《希伯来圣经》)、《圣经》和《古兰经》中的许多故事都发生在这里。古代黎凡特众神的首领是埃尔（El），这个词就像英语中的"god"一样，在古希伯来语和相关的闪族语言中，"El"可以是用于表示任何神的通用术语，也可以指代某一至高无上的神。这位至高无上的神是一位掌握所有权能、拥有所有头衔的统治神，他的尊名包括"众神之父""人类之父""天国之主""大地创造者"。但埃尔并没有把所有的风头都留给自己，他还有一个常见的称呼是"亚舍拉的丈夫"。

　　亚舍拉又称阿提拉特（Athirat），是古黎凡特伟大的女王和母神，对后来的宗教及她的追随者所处时代的信仰产生了巨大的影响。她的信徒常将她称为"踏海的她"、"Elat"（女神）、"Qodesh"或"Qudshu"（圣洁)，或"众神的创造者"（qaniyatu 'ilhm)。她一定为造神焦头烂额过，因为这个地区充斥着低等神灵：太阳神、月亮神、水神、风神、土神、火神、夏神、冬神，风暴、露水、瘟疫、治愈之神，爱与战争、食物与生育之神……甚至还有一位舞蹈之神，名为马

▲ 狮子是许多近东及中东地区女神的象征，包括奎特什（Qetesh，埃及地区类似亚舍拉的女神）和拉特（Al-Lat）

库德（Marquod）。

古代近东和中东地区之所以有如此多的神灵，原因之一是该地区复杂的地理环境。在我们的印象中，该地区以沙漠为主，但前几个世纪的气候条件下，生物群落在该地区的分布比例不同，地形复杂，哪怕有人导航也很危险。对来自新月形沃土的农民来说，沙漠就意味着死亡。最好留在自己的土地上，遵守自己的习俗——不是出于对异乡人的担忧，而是出于纯粹的实践经验。许多神明只统治着几英亩[1]的枣园或一个城市的辖区，他们是平易近人的当地神灵，被召唤来保护田地、加固墙壁、寻找迷途的羊，信仰他们的家庭供奉他们只需要在晚餐时给他们吃同样的食物。

神明和神话经由商人的网络从一个地方传播到另一个地方。

与此同时，黎凡特又蕴藏着丰富的珍宝：金属和宝石、香料和熏香、坚硬而芬芳的黎巴嫩雪松木、从骨螺贝壳中提取的鲜艳的紫色染料——这些东西都很难运输。为了运输这些珍贵的货物，绕道以避免直接穿越大片危险的地形，该地区的商人联合起来组成了商队，他们为了安全结伴而行，保持方向一致。商人们在聊天的时候会自然而然地分享观念和信仰。一位金属工人在被问及他美丽的黄金和青金石珠宝时，可能会描述他如何祈求工艺之神科塔尔·瓦·卡西斯（Kothar-wa-Khasis）的帮助，为他的工作赋予神力；杂货商装货的时间太长时，会开玩笑地向同伴推荐果园女神尼卡尔（Nikkal），说是她保佑了自己的丰收。神明和神话经由商人的网络从一个地方传播到另一个地方。商队抵达大都市时，会有其他旅行者来购买商队的商品，他们——古希腊人、赫梯人、米诺斯人、伊特鲁里亚人等也带来了他们的神。城市中可能有供奉该地区重要神明的神庙和供奉城市本身崇拜的略微次要一些的神明的神殿。古代近东的贸易路线就是神话与传说融合、故事与福音交织的熔炉。商人带回家的不仅仅是叮当作响的钱袋，还有新的故事、新的可供崇拜的神明。一个生活在远离提尔城的地方、靠从提尔市场赚来的钱维生的家庭，很可能会感激提尔城的守护神梅尔卡特（Melqart）；腓尼基大水手的家人很可能耳闻目睹过远至古埃及、古希腊、北非，甚至不列颠的神明的故事和画像。生活在黎凡特的腓尼基人因其贸易的珍贵紫色染料而得名[2]，以热爱旅行著称。他们不仅驾驶着先进的船只在家乡的河流、湖泊和浅内陆海域航行，还环绕地中海，甚至离开地中海，途经赫拉克勒斯之柱（今直布罗陀）远到如今的大西洋，尽管他们从未向任何人透露他们在那里发现了什么。那里很可能是锡矿的来源地，锡与铜混合制成合金，开启了青铜时代。

腓尼基人信仰多神教，他们崇拜的许多神明与其他古代神明一样，解释了种种自然现象。沙查尔（Shachar）和沙利姆（Shalim）是黎明和黄昏的双生神，他们分割了白天和黑夜，居住在深入大地和天空边界的山脉中。阳光在山顶停留的时间更长，是因为双生神庇佑着他们的家园。长着鱼尾的大衮（Dagon）是农作物、渔业和生育之神，他的水属性可能与灌溉技术有关。灌溉技术不仅使当地农田肥沃，甚至为内陆提供了

---

[1] 1 英亩约为 4046.86 平方米。

[2] Phoenician 一词在古希腊语中意为"绛紫色的国度"。

▲ 阿蒙霍特普四世试图将古埃及转变为一神教社会

一 VS. 多

—◆—

多神教和一神教的关系是从什么时候开始紧张起来的？它们中的一个是由另一个演变而来的吗？两者真的可以声称自己能够更真实地体现古代信仰的精神吗？

多年来，在犹太教、基督教和伊斯兰教的传统观念中，古代近东和中东以前的多神教民族开始信仰一神教是对他们概念中的世界之"原始的""正确的"一神教的某个分支的回归。民俗学家安德鲁·朗（Andrew Lang）称之为"元宗教"（Urreligion），与被信奉西方神秘学传统的神秘主义者称为"古代智慧宗教"和"秘密教义"的概念类似。印欧神话的原型即为各个大洲之间神明存在联系的证明。

人类学家曾有这样一种观点，即宗教是从万物有灵论"进化"到多神论，再到一神论的。但现在我们知道情况并非如此，几世纪前人们信仰的一神教绝非只有《圣经》中记载的宗教这么一种。琐罗亚斯德教（Zoroastrianism）就是一个重要的例子，另一个例子是阿吞崇拜，即对古埃及众神中单一神阿吞的崇拜，由法老阿蒙霍特普四世引入。希腊哲学家科洛丰的色诺芬尼（Xenophanes of Colophon）认为，大多数古希腊神只是单一神分饰不同角色的象征。

▲ 腓尼基提尔城的守护神梅尔卡特。梅尔卡特既是一座著名的富裕城市的守护神，也可能是《圣经》中提到的巴力

淡水鱼。大衮与包括埃尔在内的许多男性神明一样，被尊称为"巴力"，意为"主"、"主人"或"丈夫"（husband，取"照看和管理土地、庄稼和牲畜的人"之意）。"巴力"还会作为前缀出现在其他神明的名字前面，如巴力泽芬（Ba'al-Zephon）、巴力哈蒙（Ba'al-Hammon）和巴力哈达（Ba'al-Hadad）等，还有无数其他神明都被如此称呼。他们是主，他们的信徒就如此称呼他们。后来，这些不同的巴力融合成了一个全能的整体，一位强大而又公正的神，他与这片土地上的敌人作战，甚至击败了死亡。在某些地区，巴力和埃尔不分彼此，甚至能取代埃尔，但在另一些地方，当地最初的统治神变得前所未有的强大，推翻了巴力。在这些地方，用埃尔本人的话来说，"我曾以埃尔·沙代（Ēl Shaddāi，意为全能的上帝）之名向亚伯拉罕、以撒和雅各显现，但他们不知我名，耶和华（Yahweh）"。

你可能觉得这些名字听起来很耳熟，你的感觉没有错。黎凡特的另一个名字是迦南，即上帝在《创世纪》中向亚伯拉罕许诺的"从埃及的河流到幼发拉底河"的"应许之地"。迦南是古老的多神教与新兴的一神教之间血腥冲突的舞台。最初新兴的一神教是犹太教，《塔纳赫》和《圣经·旧约》中的许多历史故事都讲述了异教徒腓尼基人和新宗教信徒之间因领土和信仰冲突而发生的战争。

在《旧约》中，鱼人大衮是非利士人的神，他位于伯大衮的圣殿被犹太英雄参孙（Samson）的超凡力量所摧毁。嫁给以色列国王亚哈（Ahab）的腓尼基公主兼女祭司耶洗别（Jezebel）试图重新唤起对巴力的崇拜，但在战士耶户（Jehu）的号令下，耶洗别被人从宫殿的窗户推下，耶户登上王位，耶斯列城再次完全犹太化。亚舍拉的圣柱（圣树）曾树立在崇拜耶和华的神庙中，但于公元前7世纪被犹大国王约西亚（Josiah）砍倒并取缔。在古希腊语版本的《圣经》中，"亚舍拉"被翻译为"阿尔索斯"（alsos），意为"树林"；而到了拉丁语通俗《圣经》中，她的名字变成了"涅穆斯"（nemus），意为"木头"。巴力的处境更加糟糕。在那些巴力没有取代埃尔成为主神的地方，他成了埃尔最大的敌人，绰号"巴力西卜（蝇王）"，最后沦落成恶魔之子别西卜。直到17世纪的神秘魔法书《所罗门之匙》（The Lesser Key of Solomon）中，巴力仍是恶魔的代名词。至于埃尔，关于他的真名是耶和华的引述出自《出埃及记》，但他就是《圣经》中的全能上帝吗？这种不确定性很可能源自"埃尔"这个词本身。就如"god"一样，"el"有多种使用方式，有一些学者大胆地提出，从苏美尔的恩利尔，到腓尼基的埃尔，再到基督教的耶和华，其实是一脉相承的神明。

《圣经》中的宗教并不是唯一一个拥护一神论的宗教，在黎凡特以东，日后建立波斯帝国的人们早在公元前2000年前就开始信仰神秘的圣者琐罗亚斯德的教义。琐罗亚斯德敦促他的同胞废除动物祭祀，并取消过于烦琐的宗教仪式。他鼓励人们崇拜智慧之主阿胡拉·马兹达（Ahura Mazda）。令人困惑的是（对该地区熟悉其他某些宗教的人来说或许不足为奇），虽然琐罗亚斯德教是一神教（也是世界上最古老、存续时间最长的宗教之一，至今仍有人信奉），但阿胡拉·马兹达有时代表了三位主神。另外两位主神分别是密特拉——与誓言和守誓、光明、真理和收获相关的琐罗亚斯德教神明，后来被古罗马人认为是教徒遍布罗马帝国的密特拉密教信奉的主神阿娜希塔（Anahita）；伊朗的水、治愈和智慧女神，与吠陀中的知识、音乐和艺术女神娑罗室伐底（Sarasvati）有关，后者至今仍受到印度教徒的崇

▲ 大衮，长着鱼尾的腓尼基神明，在《圣经》中是非利士人的神，其神庙被犹太英雄参孙摧毁

拜。琐罗亚斯德教的世界观中也有一个邪恶的根源——安格拉·曼纽（Angra Mainyu）或阿里曼（Ahriman），他是破坏与混乱的象征，阿胡拉·马兹达和他的信徒必须与之斗争。

琐罗亚斯德教是波斯帝国的国教，它多次将当时世界上最大的帝国牢牢地控制在神权统治之下。波斯本身是一个开放、包容的国度，在历史上的大部分时间里，波斯并没有强行要求人民信仰国教，尤其不会要求那些被征服而成为帝国一分子的人。但波斯确实也会向全民征收信仰税，每个公民都必须向最近的琐罗亚斯德教寺庙缴纳。税收的金额是公民收入的百分之十，这个数字对那些缴纳过宗教什一税的人来说应该都很熟悉——这正是"什一税"这个词的来源。这一创新之举在波斯征服巴比伦时得以施行，后来征服波斯的文明也采用了这个制度——即公元7世纪入侵波斯的阿拉伯人。

阿拉伯人来自阿拉伯半岛南部，在征服波斯帝国时，他们已经成为绝对的一神论者——自公元7世纪以来，伊斯兰教一直是他们的主导宗教。

沙马什亲缘之谜

　　近东和中东多神教中的女神有许多共同的象征和头衔。狮子、蛇、花朵和星星是常见的符号，除了"女主人""女士""女王"之外，常见的头衔还通常涉及天空和海洋。三女主神的肖像很常见，但近东和中东的三位女神不是西方传统中的少女、母亲或老妇，而是倾向于将好战的战争女神或冷酷的死亡女神作为主神中的成员。她们分别象征着青春与活力、性与母性、命运与死亡。统治是三女神肖像画中的常见主题，她们通常被视为拥有主权的女王，而不是王者的配偶。她们的形象也不总是"传统"的女性形象：战争女神四处可见，"魔法之主"的尊称也是如此。历史上被认为是男性的神明可能并非男性。腓尼基太阳神沙帕什（Shapash，埃尔和亚舍拉的女儿）与阿卡德太阳神沙马什存在词源和神话上的相似之处，后者的性别在学术界存在争议——传统观点认为，沙马什是与苏美尔太阳神乌图有关的神明，但最近的一些研究表明，沙马什实际上可能是与腓尼基的沙帕什关系更密切的女神。

亚舍拉：踏海的她

——◆——

一神教信徒企图推翻她的信仰并最终成功，
但在此之前，迦南人已崇拜他们伟大的母神数百年之久

作者：阿普里尔·马登

亚舍拉最常见的尊称是"踏海的她"，让人联想到一个优雅、强大的形象，万事万物都由她掌控。她的其他头衔还包括"白昼女士""天之女王"或简单的"女神"。从地中海沿岸到阿曼湾，家庭和寺庙对亚舍拉的崇拜绵延了几个世纪。无论在当地被称作亚舍拉、亚斯他录还是阿提拉特，她都被视为伟大的母神和至高神埃尔（有时也是巴力）值得崇敬的配偶。

许多后来的雕塑和图像都将亚舍拉描绘为一位美丽的女性，但亚舍拉最常用的神圣符号（在亚舍拉崇拜如日中天时被大量使用）并没有在残酷的时间中得以幸存，其中有两方面的原因：制作材料和人为破坏。大多数人使用与亚舍拉同名的物体来崇拜亚舍拉，即在他们家中、家边或寺庙边竖起一根木杆。有时，一棵活生生的树也可以派上同样的用场。最常用的树种是柳树、香桃木、胡桃木和石榴，这些都是女神的圣物，葡萄藤也是。这些亚舍拉木柱在《塔纳赫》和《圣经》中都有提及——《申命记》写道："在你为耶

和华上帝建造的祭坛旁，不可竖立任何柱像[1]。"且"你为耶和华你的神筑坛，不可种植任何树木作为木偶"。几位《圣经》中记述的国王开始在他们的王国中推行摧毁亚舍拉圣像的措施，但在此之前的几个世纪里，亚舍拉圣像已经成为近东和中东地区的特色景观，于是迦南的一神论者们发现，要完全压制人们对这位女神的崇拜十分困难。《圣经·耶利米书》不赞成地写道："孩子们拾柴，父亲们生火，妇女们揉面团，为天后做蛋糕……"尽管这位先知强烈反对这种做法，但他的听众——流亡到巴比伦的犹太人——仍然坚守他们的传统。耶利米引用了他们实实在在的答复："我们将为天后焚香，向她祭酒，就如同我们过去和我们的先祖、我们的君王和我们的官员在犹大城邑和耶路撒冷的街道上所做的那样。那时我们粮食充足、生活富裕，没有受到任何伤害。但自从我们不再向天后焚香祭酒之后，我们就变得一无所有，在刀剑与饥饿中走向灭亡。"

---

[1] 原文为 Asherah，即亚舍拉，下文"木偶"同。

▲ 这座在以色列出土的小型门形祭坛的一侧刻有一棵树，人们认为这代表了它是用于亚舍拉崇拜的物品

◀ 可能用于家庭神龛或家庭祭坛的亚舍拉泥像

埃尔：迦南人至高无上的神

腓尼基众神的领袖既是一位严厉的主宰，也是一位睿智的法官，
同时，一些黎凡特神话也为他的传说带来了轻松的色彩

作者：阿普里尔·马登

▲ 埃尔，又被称作托鲁·埃尔（Tôru 'El），意为公牛神，可能与金牛座
或者苏美尔的天之公牛有关

"埃尔"这个名字的字面意思就是"神"，因此有时会招致困惑。人们很容易把埃尔与具有尊称或被叫做"埃尔"的较弱小神明混为一谈。不过，就像苏美尔的恩利尔一样，埃尔往往被视为众神中至高无上的神——有时甚至是唯一的神——并受到人民的崇拜。

作为至高无上的神，埃尔的定位十分传统，即诸神、人类和动物的父亲和创造者。在古迦南城市乌加里特（今叙利亚沙姆拉角）发现的泥板中，人们用各种各样的绰号来称呼他，包括"大地创造者""人类之父""众神之父"。但是，乌加里特连一座埃尔神庙都没有——在这座城市的神话中，埃尔住在神秘的莱尔山上（"Lel"这个名字可能意为"夜晚"，也可能意为"空气"），在两条河流之间的清泉处支起帐篷。在多元文化共存的巴尔米拉，埃尔被等同于古希腊神话中的波塞冬；而在比布鲁斯（今黎巴嫩朱拜勒，《圣经》就以这座城市命名，据说是埃尔建立的城市），他被等同于古希腊的克洛诺斯。作为女神亚舍拉的丈夫，据传埃尔有70个儿子，甚至可能更多。人们还常常认为他是战士、顾问、年富力强的老人、国王或是法官。许多文本描绘了埃尔与人类订立契约或盟约的场景。在苏美尔神话中，做了这些事情的是恩利尔；而在《塔纳赫》和《圣经·旧约》中则是耶和华（上帝）。这几位神明都与洪水神话有关：他们都曾消灭地球上所有的生物（只有一个家族和他们的动物逃过一劫，因为他们收到了警告并登上了一艘大船），且他们（埃尔、恩利尔、上帝）都承诺不会再次做出这样的事，并创造了彩虹，作为神明与人类之间这一承诺的象征。

还有一个故事将埃尔作为沙查尔和沙利姆（黎明和黄昏之神，这里被拟人化为从海浪中升起的海神）的父亲，他与两位神明的母亲在沙滩上嬉戏之后诞生了沙查尔和沙利姆。来自乌加里特的一块泥板还记录了一个有趣的片段：埃尔举办了一场聚会，并与未经证实其存在的神祇哈贝（Hubbey，有角和尾巴）酒后起了争执，最后还附上了治疗宿醉的食谱！

◀ 这座镀金的埃尔雕像，身着王袍，戴着高高的王冠，出土于现代以色列米吉多的米吉多（哈米吉多顿，Armageddon）遗址

巴力：从神明到恶魔

—— · ——

巴力是经过融合的季节之神，他可以统治一整个宗教，
或成为某个宗教最大的敌人

作者：阿普里尔·马登

和"埃尔"一样，"巴力"在西北闪米特语中是一个通用词汇，意为"主""主人"或"丈夫（指照看房屋、农庄和牲畜的人）"，在现代希伯来语和阿拉伯语中，相似读音的词汇仍有丈夫之意（包含伴侣意义上的丈夫）。"巴力"常被用于指代埃尔最重要的儿子，与他最喜爱的儿子、雨神与风暴之神哈达密切相关，哈达常被称作"巴力哈达"。有时候，巴力也被当作大衮而非埃尔的儿子。叙利亚城市乌加里特的某个传说记述了一个复杂的故事，故事中，埃尔将一位怀孕的妾作为礼物送给了大衮，使她的儿子成为两位神明的儿子——起码从法律角度来说是这样。

在很大程度上依赖灌溉而不是雨水来浇灌田地和滋养农作物的地区，人们通常比较看重掌管天气的神明之中负责暴风雨的那一位，巴力哈达也不例外——他就等同于破坏性的天气，最常见的属性是雷电。然而，在更加依赖雨水的地区，巴力的形象逐渐与他的父亲埃尔融合，甚至取代了埃尔在众神中的地位。人们认为旱季是巴力在

夏季前往地下世界造成的。乌加里特神话《巴力复活》（*Ba'al Cycle*）讲述了这样一个故事：巴力的兄弟、海神亚姆（Yam）想成为众神的统治者，巴力杀死了他，建造了一座宫殿，并最终成为统治者，随后却被死神莫特（Mot）杀死，巴力的妹妹阿娜特（Anat）为报仇杀死了莫特。巴力和莫特双双死而复生，再次开始战斗，直到太阳告知他们，之前支持亚姆的埃尔已经倒戈并宣布巴力是众神的统治者。人们认为这个神话隐喻了干旱对依赖雨水的农业造成的破坏性影响，但至于它是否还象征随季节降雨模式改变生死状态的植被之神的周期性，或是否代表了民间对一次不寻常的气候事件（比如适当的季节没有雨水）的记忆，目前还有待商榷。

在埃尔仍占主导地位的地区，还有后来转而信仰一神教的地区，巴力被妖魔化，沦为"巴力西卜（蝇王）"，成了犹太教和基督教中的恶魔别西卜。在17世纪的神秘学手稿中，"巴力"仍被称作恶魔，这对于一度伟大过的神来说，称得上是一种堕落。

巴力浮雕。这块浮雕是在叙利亚古城乌加里特的废墟中发现的，展现了巴力挥舞雷霆的场景

▲ 巴力崇拜被推翻之后，他的形象被重构成一个高阶恶魔。巴力失去了名字中的撇号（从 "Ba'al" 变为 "Baal"），但获得了66个恶魔军团的指挥权

古埃及之神

古埃及人以其复杂的信仰而闻名，
在一些有史以来最宏伟的神庙中供奉着上百位神

作者：多姆·莱塞－林肯

埃及南部夸尔塔遗址上的野牛和奇怪的杂交生物的雕刻表明，早在公元前17000年，人们就开始信仰潜在的自然力量。埃及最古老的石雕大约有7000年的历史，人们认为它雕刻的是一头牛，显然，这种动物在早期埃及人的生活中扮演了重要角色。沙漠也是如此。在那里，太阳被当作各种神明来崇拜，就和尼罗河一样，尼罗河的洪水每年都会带来新生命，同样被视为神圣的存在。

自然世界的种种现象逐渐演变成一个个独立的神明，埃及的每个地区也拥有了自己的地方神，其形象通过故事和神话不断发生改变。古埃及人民最主要的神话之一是创世神话，世界之初，混沌的原始水域退去之后，露出了最初诞生出生命的山丘。

然而，尼罗河谷的神明太多了，每个地区都声称生命是由当地的神灵创造的。在埃及最早的首都孟菲斯，他们的主神普塔（Ptah）从水中出现，只需念出名字就可以召唤所有生物；而在附近的塞易斯城，创造则是女神奈斯（Neith）的杰作。与此同时，在赫尔摩波利斯，生命是在八位神明、四只雄性青蛙和四条雌蛇的共同力量下诞生的；而在最南边的阿斯旺，长着公羊头的神明库努姆（Khnum）在他的陶轮上创造了所有生命。

影响最深远的古埃及创世神话来自赫利奥波利斯（Heliopolis），那里的至高神是太阳神拉（Ra）。太阳被尊为"万物的父母"，生下了双胞胎——湿气女神泰芙努特（Tefnut）和空气之神舒（Shu），两人生下了天空女神努特（Nut）与大地之神盖布（Geb），努特又和盖布生下了两对双胞胎夫妇——伊西斯（Isis）和奥西里斯（Osiris）、赛特（Seth）和奈芙蒂斯（Nephthys）。

伊西斯和她的兄弟奥西里斯自称是古埃及最初的统治者，他们的儿子荷鲁斯（Horus）继承了他们的王位，其后继承王位的都是"荷鲁斯的追随者"，他们是人类统治出现之前的半神，被视为诸神的孩子。

在随后约3000年法老统治的历史中，古埃及的神明规模不断扩大，更多的神传播到古埃及，有些神明彼此融合，创造了复杂多样的信仰模式。

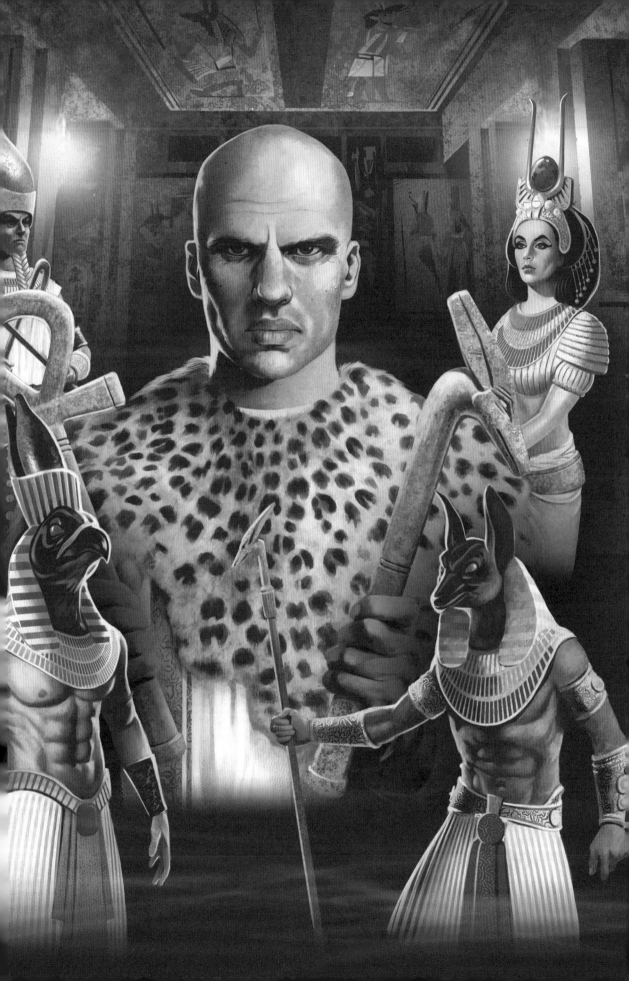

认识古埃及神明

古埃及已知的神明有将近 1500 位，其中许多神灵彼此结合并具有共同的特征。下列是一些最重要的古埃及神明：

拉
太阳神

拉是古埃及最重要的太阳神，升起时也被称为凯布利（Khepri），落下时称为阿图姆（Atum），阿吞是太阳圆盘。作为主要的创造神，拉生下了双生神舒和泰芙努特。

盖布
大地之神

盖布是拉的孙子、舒和泰芙努特的儿子。他长着代表大地的绿色皮肤，通常被描绘成斜躺的姿势，伸展着躺在他的姐妹兼妻子努特的身下。

努特
天空女神

努特是天空女神，拉的孙女，她星条旗般的身体形成了天空，被父亲空气之神舒托举在兄弟盖布的上方。

伊西斯
母性之神，魔法女神

伊西斯是盖布和努特的女儿，一位完美的母亲，最后成为古埃及最重要的神明。她"比万千神明都要智慧""比上千的士兵都更强大"。

奥西里斯
冥王，生育之神

奥西里斯既是伊西斯的弟弟也是她的丈夫，他被自己的兄弟赛特杀死，后经伊西斯复活，成了冥界之主、新生儿与生育之神。

荷鲁斯
王权之神

父亲奥西里斯成为冥王之后，荷鲁斯接替他成了地面上的王，后来的人类法老都是由荷鲁斯任命的。

赛特
风暴与战争之神

赛特被描述为一种复合的神话生物，是一位暴躁的神。他杀死了他的兄弟奥西里斯，但随后伊西斯帮助自己的儿子荷鲁斯击败了赛特，完成了复仇。

奈芙蒂斯
守护女神

奈芙蒂斯是盖布和努特第四个孩子，与她的兄赛特结为伴侣，但大多时候奈芙蒂斯都与姐伊西斯一起作为国王的双生守护者。

古埃及的动物崇拜

古埃及人非常尊重自然世界，特别是动物，动物的灵魂是神圣的。已知最早的埃及艺术就将动物与人类放在一起描绘，早在约公元前4000年，人类的墓葬中就出现了各种各样的生灵。这种人与动物的关系是古埃及不断发展的信仰的基本组成部分。

神明要么完全是动物形态，要么是有动物头的人类形象

（拟人化），许多蒙面祭司会这样模仿神明。很多神灵也有自己的代表生物，这些生物在生前受人崇拜，死后被制成木乃伊。

这些动物中最重要的是孟菲斯的阿匹斯公牛（Apis Bull）。据说，它活着的时候，造物主普塔的灵魂寄居在它体内，死后它就被当作冥王奥西里斯来崇拜，下一头被选中的公牛会

继续这个循环。古埃及的其他地区也崇拜神圣的公牛和母牛，还有其他动物，包括代表王权的索贝克圣鳄鱼、代表造物主库努姆的圣公羊、代表托特神的朱鹮和狒狒，以及代表猫女神巴斯泰托（Bastet）的猫。数以百万计的此类动物被制成木乃伊，作为神灵的实体象征和古埃及人热爱动物的象征。

普塔
创造与工艺之神

是造物神及工匠的守护，他的神庙位于孟菲斯，被称为"普塔的灵魂殿"（hut-ka-ptah），"埃及"（Egypt）一词的由来。

托特
学习与月亮之神

托特长着朱鹮的头，是智慧之神和抄写员的守护神，托特发明了文字并为人类带来了知识。他弯曲的喙代表新月，主要崇拜中心在赫尔摩波利斯。

奈斯
创造女神

奈斯是以交叉箭头和盾牌为代表的原始造物神，作为好战的"弓之女主人"在位于三角洲的塞易斯崇拜中心受到崇拜。

阿蒙（Amun）
底比斯之神

阿蒙最初是底比斯当地的神灵，他的名字意为"隐者"。阿蒙和太阳神拉融合之后演变为阿蒙－拉（Amun-Ra），成为众神之王和代表埃及国度的神。

哈索尔（Hathor）
爱、美与母性女神

哈索尔常被描绘为一头母牛或长着母牛耳朵的女性，代表着愉悦与欢乐，是生者和死者共同的守护者与养育之神。

塞赫美特（Sekhmet）
毁灭女神

以母狮为象征的塞赫美特掌握着毁灭的力量，她是战争中的王者的守护神。比塞赫美特更娇小、更善良的是猫之女神巴斯泰托，家园的守护者。

神明要么完全是动物形态，要么是有动物头的人类形象。

阿比斯（Anubis）
防腐与死亡之神

神阿努比斯是墓地的护卫者和防腐之神，在引死者的灵魂进入来世之前审判死者。

塔沃瑞特（Taweret）
家园与生育女神

塔沃瑞特是一位舞刀的河马女神，她守护着家园，是妇女和儿童的保护者，在妇女分娩时被召唤来吓走邪祟。

贝斯（Bes）
家园与生育之神

贝斯是一位状似侏儒的家庭守护神，与塔沃瑞特一起保护妇女和儿童。塔沃瑞特携带刀具用以守护，而贝斯则携带乐器招来欢乐。

玛阿特
真理与正义女神

玛阿特是维持宇宙平衡的神灵，她的象征是鸵鸟的羽毛，她会用鸵鸟羽毛衡量和判断死者的心脏，让他们抵达永生。

古埃及神庙

古埃及人建造神庙作为神的居所，他们相信神明的灵魂居住在雕像内，不断向雕像献上祭品。

早在约公元前 3500 年，古埃及人就为他们的神明建造了神庙。这些神庙最初由木材和芦苇制成，接着很快就换成了更持久的石制结构。这些神庙成了尼罗河谷几乎所有人类聚居地的中心。

随着时间的推移，古埃及人的建筑结构变得越来越复杂，环境、基点，以及太阳和星星的运动都是建造神庙要考虑的因素。

每座神庙的神圣空间被巨大的泥砖外墙包围，庙宇本身由一组连续的石造神殿和庭院组成。神庙的墙壁上绘制着色彩鲜艳的与诸神和国王有关的场景，墙壁、地板和天花板往往都镶嵌着贵重金属和宝石。

接着，为了增强肃穆感，神庙的布局逐渐变小、变暗，直到最深处的圣所，那里安置着神明的雕像。人们相信这些雕像中蕴藏着神明的灵魂，每天在它们面前举行仪式以维系神明的存在并满足他们的要求，从而保护古埃及的国土。由于有众神居住，神庙成为神力的宝库，它可以通过仪式引导神明的力量造福国家。

为了保持在神圣空间内仪式的纯净，只有王室和指定的神职人员才被允许进入空间内——大部分人只能在神庙的外部区域活动，那里是主要行政建筑的所在地。古埃及的神庙建筑群不仅是宗教中心，市政厅、图书馆、大学、医疗中心和法院都搭建在其外部区域——人们聚集在神庙周边是为了共同的生活，他们活动的中心就是诸神灵魂的安息之地。

最深处的神殿
神庙最神圣的地方在于最深处的神殿，里面供奉着阿蒙的金像，大祭司会在神殿前举行日常仪式，并在周围的房间供奉祭品。

多柱大厅
第二座塔门之外是带屋顶的多柱大厅。大厅由 134 根柱子组成，大多高 15 米，中央的 12 根柱子高 21 米，每根柱子都模仿纸莎草进行雕刻，因为大厅象征着最初出现生命的原始水域。

第一庭院
神庙的第一个庭院曾经矗立有 10 根巨大的纸莎草形石柱，这 10 根石柱过去组成了塔哈卡（Taharqa，公元前 690—前 664 年）国王沿着东西主轴线建造的亭子，同时建造的还有几个较小的神殿和各个时期的王室雕像。

塔门
十座大型石门中的第一座，最初为青铜覆盖的雪松木门板。塔门正面八个凹槽中插着 60 米高的雪松木上面附有各个神明的标准象征符

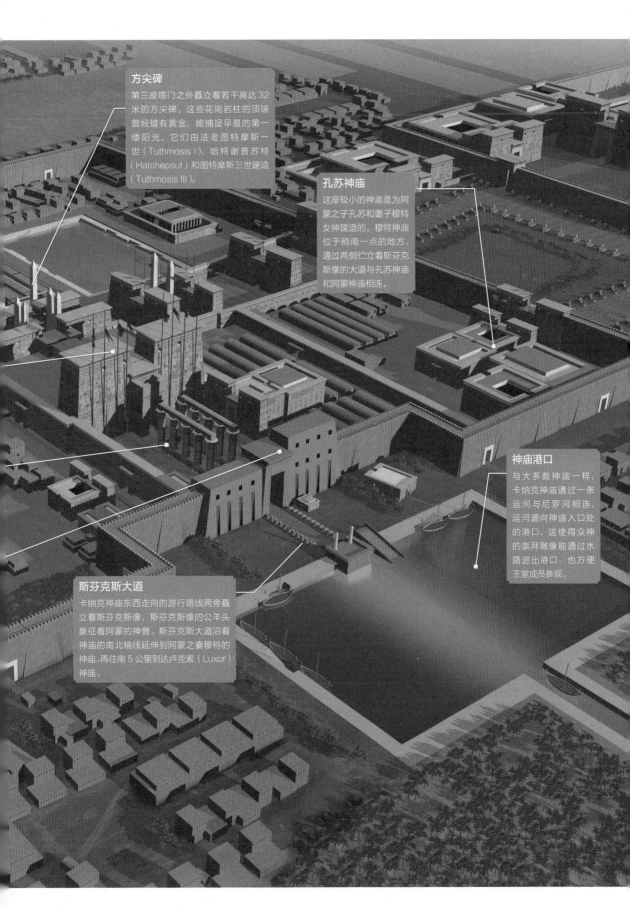

方尖碑

第三座塔门之外矗立着若干高达 32 米的方尖碑。这些花岗岩柱的顶端曾经镀有黄金，能捕捉早晨的第一缕阳光。它们由法老图特摩斯一世（Tuthmosis I）、哈特谢普苏特（Hatshepsut）和图特摩斯三世建造（Tuthmosis III）。

孔苏神庙

这座较小的神庙是为阿蒙之子孔苏和妻子穆特女神建造的。穆特神庙位于稍南一点的地方，通过两侧伫立着斯芬克斯像的大道与孔苏神庙和阿蒙神庙相连。

神庙港口

与大多数神庙一样，卡纳克神庙通过一条运河与尼罗河相连，运河通向神庙入口处的港口。这使得众神的崇拜雕像能通过水路进出港口，也方便王室成员参观。

斯芬克斯大道

卡纳克神庙东西走向的游行路线两旁矗立着斯芬克斯像，斯芬克斯像的公羊头象征着阿蒙的神兽。斯芬克斯大道沿着神庙的南北轴线延伸到阿蒙之妻穆特的神庙，再往南 5 公里到达卢克索（Luxor）神庙。

神庙之外的信仰

————————◆————————

　　古埃及神庙仅限王室成员和神职人员进入，神庙的外墙有时会建有画着"倾听的耳朵"图案的神龛。这是为了让众神能够听到普通民众的祈祷。卡纳克神庙的阿蒙被誉为"听从穷人的声音而来"的神，而哈索尔女神则"聆听每一个信任她的年轻女孩的祈求"。人们还会在家中的小型神龛中进行崇拜，这些神龛中可能包含已故先祖的小型半身像、最喜欢的神灵的雕像和过去君主的小雕像。在代尔麦地那工人村，被神化的女王阿赫摩斯-奈菲尔塔利（Ahmose-Nefertari）和她的儿子阿蒙霍特普一世（Amenhotep I）比阿蒙更受欢迎。

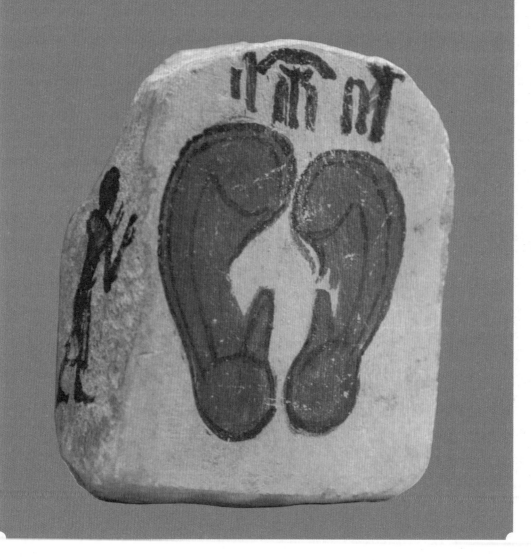

节日表

————◆————

新年
1月1日（公历7月19日）

古埃及的新年始于一年一度的尼罗河洪水，洪水给沙漠带来了水，使农作物得以生长。洪水重现了创世传说中的时刻，举国欢腾，赞美诗写道："整个大地都欢呼雀跃。"人们将鲜花、祭品甚至自己投入水中。

奥皮特节（Opet Festival）
2月15—26日（公历9月）

奥皮特节是一个为期11天的节日。节日期间，阿蒙的崇拜雕像在音乐家、舞者、士兵和公众的陪伴下从卡纳克神庙中移出。游行队伍向南走5公里，到达卢克索神庙，法老与神像在宴会和欢乐的氛围中举行增补王权力量的秘密仪式。

荷阿克节（The Festival of Khoiak）
4月18—30日（公历11月）

荷阿克节庆祝奥西里斯的生、死与复活。这三个阶段与农业周期有关，农作物被砍伐，接着又再次生长。节日仪式包括将种子种植在奥西里斯形状的容器中。人们在尼罗河洪水退去、在河岸上留下丰富的黑色沉积物并种植新作物时庆祝这一节日。

巴斯泰托节
8月4—5日

猫女神巴斯泰托与母狮女神塞赫美特和母牛女神哈索尔有着密切的联系，她们的崇拜活动都包含大量的歌唱、舞蹈和饮酒——这些都是一年一度巴斯泰托生育节的关键元素。一船船的男男女女会前往巴斯泰托的崇拜中心布巴斯提斯庆祝，据说，"这场盛宴上喝的酒比一年喝的酒还要多"。

河谷节
10月新月日

在一年一度的河谷节上，阿蒙神像从卡纳克神庙中移出，穿过尼罗河到达底比斯西岸。节日期间，神像会在当地民众的陪同下拜访埋葬于底比斯的历代国王的坟墓和其他神庙，当地居民也会造访亲人的坟墓，与他们的灵魂举行宴会，并给他们留下食物作为供品。

美丽相会节
11月新月日

这个节日庆祝的是伊德富的荷鲁斯神与丹德拉的哈索尔女神之间的婚姻。新月前14天，哈索尔的崇拜雕像被运往南方70公里处的伊德富神庙，放置在荷鲁斯的雕像旁边。王室成员和普通民众都可以参与这场为期14天的庆祝活动。

祭司的力量

古埃及祭司被叫做"神的仆人"，他们只在众神的雕像前举行宗教仪式。

历任古埃及法老都被视为神的孩子，是众神在地上的代表，也是每座神庙最高级的祭司。然而，古埃及各地神庙众多，法老必须把职责下放给各个神庙的大祭司，神庙的大祭司通常是国王挑选的王室成员，以确保他们的忠诚。

在卡纳克神庙或孟菲斯神庙这样的大神庙中，祭司的权力是相当大的，因为神庙占有大量的土地，还拥有丰富的宝库。祭司还控制着对神像的崇拜，这些神像能传达神谕，而神谕由祭司解读，可以对法律案件做出判决，甚至影响王室的继承。王权衰微时，大祭司的权力就变得非常强大，他们甚至还能担任军事将领一类的角色，与君主斗争，从而可能引发内战。

当然，大多数时候，祭司们都在履行自己的职责，帮助维系国王与居住在雕像中的众神之间稳定的联系。大祭司在位于神庙最深处的神殿内

魔法与医疗

古埃及的信仰与魔法不可分割，两者都认为看不见的力量是导致疾病的主要原因

尽管大多数社区都有兼职的医生和"智慧的女性"，但也有人睡在神庙的医疗中心（疗养院）里，希望通过神明降下启示之梦，治愈他们。他们的梦由祭司解释，其中一些祭司也是医生。由于女神塞赫美特掌管着疾病的力量，人们认为塞赫美特的祭司能使女神平静，因此他们成了专门治疗疾病的医生。蝎子女神塞尔凯特（Selket）的祭司们专门治疗咬伤和蜇伤，而小儿患病则要祈求伊西斯治疗。伊西斯的魔法出现在各种处方中，包括"伊西斯为治疗拉的头痛而准备的药物"。被神化的凡人也被认为拥有这种力量，包括自称普塔神之子、后来被认为是古希腊药神阿斯克勒庇俄斯（Asclepius）的博学家伊姆霍特普（Imhotep），以及和宫廷官员阿蒙霍特普等。

主持日常仪式，负责协助的神职人员有男有女，从扮演"神明妻子"的女祭司到负责监督祭品供应的副大祭司，还有负责记账和撰写仪式文本的神庙书写员，宣读文本的读经祭司，计算仪式正式时间的神庙天文学家或"计时祭司"，以及戴着面具、穿着精致服装招待诸神的神庙舞者、歌手和音乐家，他们会扮作神明的形象在仪式中表演戏剧。其他工作人员包括提供日常祭品的神庙园丁、酿酒师、面包师和屠夫，为神灵及神职人员供应物品的神庙纺织工、珠宝商、理发师和假发制造商，以及从事建筑工作的众多工匠、木匠和建筑工人，他们负责神庙的维修，让神庙整洁有序。因为所需工作人员的数量实在太多，最终雇用了超过100000人来维护古埃及三大神庙——卡纳克神庙、孟菲斯神庙和赫利奥波利斯神庙。

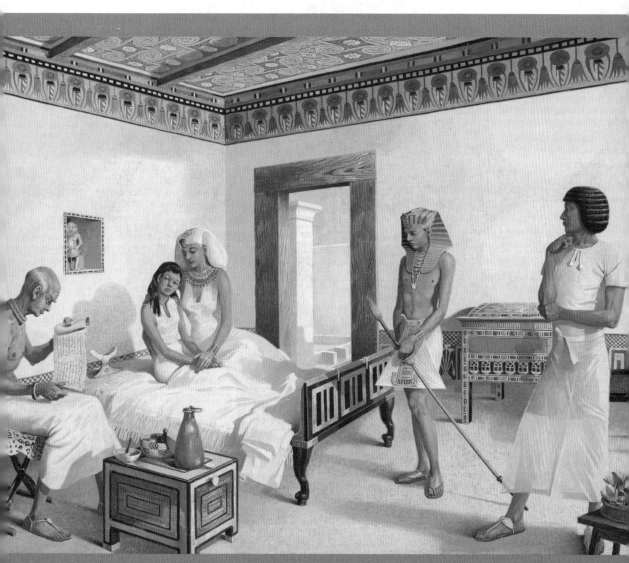

▲ 祭司特提（Teti）和他的家人：中间的是特提本人；他的父亲也名为特提，位于左侧；母亲梅克特（Meket）在右侧

深夜
沐浴仪式
为保证仪式的纯洁性,祭司必须白天沐浴两次,夜里沐浴两次,计时的天文学家祭司则在神庙屋顶的"天文台"监测夜空。

破晓前
沐浴仪式
为使仪式纯洁,祭司会在神庙的圣湖中沐浴,削去所有毛发,用泡碱盐溶液漱口,然后再穿上亚麻布长袍和用芦苇编织的凉鞋。

日落
入夜仪式
与早晨的仪式相反,大祭司再次进入神殿,让神的灵魂安息,燃烧辛辣的奇斐香,营造宁静的氛围。

日出
晨间仪式
黎明时分,大祭司进入神殿,唤醒雕像中神明的灵魂,然后为其清洗、涂油、穿戴,提供最好的食物,同时点燃乳香,以净化周围环境。

入夜
沐浴仪式
为一整天都保证仪式的纯洁性,祭司必须在重新面见神明之前再次沐浴。

中午前
回收祭品,再次沐浴
神明吃饱喝足之后,这些食物就回归还给祭司,作为早餐。接着,为保持仪式的纯洁性,大祭司会在重新面见神明之前再次沐浴。

高级祭司的一天

高级祭司要在一天的规定时间履行一系列职责以满足众神的要求,这样众神才会维系万物的秩序。

一天多次
多种仪式
大祭司和神职人员在一天的不同时间要举行不同的仪式,仪式时间是"计时祭司"经由漏壶水钟仔细测算得来的。

正午
日中仪式
正午,大祭司再次进入神殿,这次他们会点燃没药树脂、洒水,以进一步净化神庙中的神殿和神圣的空间。

▲ 公元前 1100 年左右，安娜希（Anahi）担任阿蒙的女祭司，也是奥西里斯、库努姆音乐团的领袖。图中是她为众神演奏摇铃以取悦神明的场景

女祭司

—— ◆ ——

女性既可以做女神的祭司，也可以做男神的祭司，她们扮演着和男性祭司相似的角色，并获得相同的报酬。女祭司最常见的头衔是"女歌者"，一些女性在仪式中扮演女神，而大祭司的妻子则拥有"音乐剧团团长"的头衔。虽然大多数大祭司都是男性，宣读神圣文本的读经祭司也大多是男性，但也有女性担任这两个职务。最重要的女祭司是"神的妻子"，只有担任卡纳克神庙中阿蒙神的人类配偶的王室女性能拥有这一头衔。神的妻子与国王和作为

其副手的大祭司会一起领导神圣的游行队伍，和他们一样可以进入最深处的神殿进行供奉，以满足众神。她还会积极使用魔法保卫古埃及，用箭射击仪式中的靶标或焚烧敌人的画像。"神的妻子"这一角色能带来巨大的财富和威望，因此国王们往往会任命自己的姐妹或女儿担任这一角色，以提高自己的地位。后来，这些女性的地位几乎与国王相等，手握王权，可以在国家大事和神庙事务中代行国王的职责。

古希腊人与他们的信仰

古希腊信仰多元且矛盾，
永远都在推陈出新，
就像古希腊人民一样

作者：马克·德桑蒂斯

《亚历山大咨询阿波罗神谕》（*Alexander Consulting the Oracle of Apollo*），路易·让·弗朗索瓦·拉格雷内（Louis Jean Francois Lagren é e）作品

古希腊没有一套所有人都必须遵守或接受的正式信仰或习俗。古希腊人有自己的神话故事，许多故事在全国各地广为流传，但并没有发展成一套严格的信仰体系。例如，他们并不以某一神圣的文本作为自己的信仰核心，类似《圣经》等。古希腊神话通常因地而异，诸神和英雄的故事也不尽相同。

有时两个故事可能非常矛盾，几位神明的权力范围存在明显的重叠，无法调和。古希腊神话是历史上一些最具创造力和创新精神的人在长达几个世纪的时间里不受约束地讲述故事的产物。他们的神话解释了众神的起源、古希腊人生活的世界的本质，以及他们所相信的历史。你可能会觉得他们的神话有时看起来不太连贯，但这是从现代人的视角来判断的，希腊人自己可能也会感到困惑。因为古希腊神话也和希腊人民一样是在不断变化的。

此外，与现代的情况不同，古希腊人缺乏信仰领域和非信仰领域之间的明确划分。对他们来说，这是一个不可分割

的整体，神明在这里要同时接受国家和个人定期的崇拜和祭祀。

实际上，古希腊语中并没有我们所理解的"信仰""宗教"一类的词汇。信仰只是他们日常生活的一部分。所有重要的公众和私人活动都会举行仪式，任何重大活动之前都要向神明征询意见。一个人一生中获得的成就通常会通过向神明献祭、书写致谢的誓言等其他公开的形式归功于某位特定的神祇。

古希腊有12位主要的男神和女神，即奥林匹斯十二神。之所以如此命名，是因为他们居住在奥林匹斯山顶上。宙斯是他们的王和主宰，他的妻子（姐姐）赫拉是王后，与二人并列的还有爱神阿佛洛狄忒，聪慧的阿波罗和他的妹妹、处女猎人阿尔忒弥斯，促使万物生长的女神德墨忒尔，智慧女神、英雄的守护者雅典娜，跛脚但无与伦比的神之工匠赫菲斯托斯，宙斯的快步信使赫耳墨斯，残忍的战争之神阿瑞斯，以及海洋及海洋生物之神波塞冬。最后一位神明是酒神、狂欢之神狄俄尼索斯，他是后来才被列入十二神的；早期在他位置上的神明是炉火女神赫斯提。

除了强人的奥林匹斯十二神之外，古希腊还有数百位较小的神明。神明数量如此众多，意味着古希腊人对于非希腊神明的态度相对开放，他们很容易认可与自己的神明相似的异乡神，甚至会将两者相提并论。他们没有理由否认其他神明的存在。但对异乡神态度随和并不意味着古希腊人对信仰不严肃，他们对待信仰活动是非常严肃的。城邦之间签订条约都要向诸神庄严宣誓、祭祀，违反条约可能会招致灾难。

古希腊诸神有自己的男祭司和女祭司，他们负责监管以各位神明的名义举行的仪式，管理他们的神庙、神殿和圣所。他们不关心崇拜者都有什么信仰，也没有什么正式的教义需要了解或遵循：某些神明有一定的规则和仪式，但也就是一些古希腊崇拜的共同元素。

祈祷

祈祷是人民与神明沟通的常用方式。祈祷的主要部分是口头祈求，人们在祈祷中首先呼唤神灵的名字、头衔和住所；在论述部分，祈祷者向神明解释为什么神明应该提供帮助，其中可能包

奥林匹克竞赛

———◆———

奥林匹亚节是以奥林匹斯山上的宙斯·奥林匹亚斯的名义庆祝的节日，所有城邦的古希腊人都可以参加。据记录，首次奥运会于公元前776年在奥林匹亚举行，每四年举行一次，只有古希腊人可以参加。奥运会起初只有一项比赛——竞走，但随着时间的推移，又增加了其他运动作为比赛项目。

尽管奥运会是体育竞赛，但奥林匹亚节仍具有宗教性质。节日以向宙斯献祭、祈祷开始。接着，

所有参赛者要在宙斯的祭坛和雕像前宣誓，违反誓言可能会导致严厉的罚款或被取消资格。之后还要举办两次公开的祭祀，一次是在满月当天举行，另一次则是在节日的最后一天举行。

在奥运会期间，古希腊所有城邦都必须遵守停战协议。这项神圣的停战协议是为了让参赛者和其他前往观看比赛的人都可以参与奥运会，而不必担心受到伤害。

▲ 德尔斐城是阿波罗降下神谕的地方

括背诵自己所做的善行，或者引述神明以乐于助人而闻名的记录；最后是祈祷本身，请求神明的援助。这些请求可能包括结束疾病或干旱等。

净化

清除聚居地的污染（瘴气）对古希腊人来说非常重要。个人可以通过洗涤来净化污染。通常来说，进行某些重要行动之前需要净化，历法也可能制定了净化的日期。雅典议会在会议开始前进行仪式净化，成员们会携带一头用作祭品的小猪。

有时，一个社区内部可能会进行大规模净化，驱逐作为替罪羊的人。

仪式净化可以通过洗涤或喷洒来实现，还会使用海水和圣泉中抽取的水进行蒸熏。献祭也可以用于净化，用牺牲者的血来洗去不洁之人带来的污染。

古希腊人对神明的观念的主要来源之一是荷马创作的讲述特洛伊战争的史诗《伊利亚特》(*Iliad*)

献祭

祭祀在古希腊信仰中极其重要。动

物和蔬菜都被视为祭拜神明的适当祭品。牺牲者和动物一起被带到神明的祭坛前，并在祭坛上洒上水。这些水滴会让动物点头，对古希腊人来说，这意味着它接受了自己的牺牲。接着，人们剪掉动物的毛发，并进行祈祷，以表明献祭者希望得到什么作为祭品的回报。献祭动物的喉咙会被割断，肉被分成几份。第一份献给神，第二部分的内脏由祭祀的参与者烤着吃掉，然后将剩下的肉煮熟并分发给参加仪式的人。

节日

　　节日是古希腊公众信仰的重要组成部分。古希腊的各个地区每年都会庆祝数百个公众信仰节日，一年中大约每三天就有一天用于庆祝节日。习俗和最受尊崇的神灵可能因城市而异，但是否为信仰庆祝是区分希腊人和非希腊人的核心要素。

　　节日的基本环节是游行、祭祀和宴会，除此之外各地的活动可能存在很大差异。大多数节日起源于为祈祷丰收进行的农业仪式，它们通常是季节性的，比如以德墨忒尔的名义举办的"地母节"一般在秋季。

　　另一个重要的节日是每年在雅典举行的大酒神节。雅典人特别喜欢过节，据说他们的节日数量是古希腊其他城邦的两倍。戏剧是酒神节的重要环节，有四天时间专门用于戏剧表演，前三天上演悲剧，第四天，也就是最后一天上演喜剧。

▲ 帕特农神庙是位于雅典的雅典娜神庙，十分宏伟

神谕

可以想象，在古代，疾病和死亡无处不在，古希腊人常常对未来感到焦虑。为求安慰，向众神寻求建议便是自然而然的举措，他们会通过神谕获取神灵的建议。有十条这样的神谕，以某种方式为凡人预言了未来。其中最重要的是德尔斐神谕，是阿波罗的女祭司皮提亚（Pythia）代表阿波罗宣读的。用阿波罗本人的话来说，他在德尔斐建造神庙的真正目的是让他能够在其中"通过预言性的回应给出可靠的建议"。另一个著名的神谕神殿是在伊庇鲁斯的多多纳发现的宙斯神殿。向神提出的问题往往是非常个人的，比如是否应该结婚或远渡重洋。答案通常只是简单的是或否。

有时答案可能更复杂，甚至会造成重大后果。公元前480年，强大的波斯人第二次入侵古希腊之前，雅典人在德尔斐寻求神谕。雅典人知道自己的处境很严峻，有些人甚至考虑收拾细软，逃到意大利躲避战乱。历史学家希罗多德记录道：在这种情况下，女祭司亚里斯多尼斯（Aristonice）告诉雅典人，"只有木墙不会倒塌。"这种模糊不清的神谕可能有很多种解释，但雅典的领导人地米斯托克利（Themistocles）巧妙地将其解释为他们必须依靠自己的海军来抵御波斯人，因为船只是他们自己用木头制造的。不出所料，雅典人很快就率领古希腊联合舰队在萨拉米斯大获全胜。

生死之间

古希腊人认为，死者无法仅凭自己跨越生者世界和哈迪斯幽暗的死者王国之间的界限。活着的人要尽快埋葬死者，否则未埋葬的死者注定要沿着冥河河岸流浪多年，这条河就标志着生者世界和死者世界的边界。安葬死者及适当的葬礼对生者而言极为重要。公元前405年，十名雅典海军上将在阿吉努塞取得了海上战争的胜利，但由于突如其来的风暴，他们遗失了战死水手的尸体。返回雅典后，尽管赢得了战斗，但他们仍因玩忽职守而受到审判，几名海军上将被判处死刑。

人死后几天之内，生者就要埋葬他们的尸体，将尸体安葬在恰当的地方。土葬和火葬都可以，其中火葬更有尊严。

土葬是将死者的骨灰放入瓮中，然后埋葬。大多数雅典人的葬礼都在通往城外的道路上进行。为避免死者传播疾病，城内不允许进行埋葬。死者得到安葬后，他们的坟墓并不会被遗忘，幸存的亲属，尤其是家族中的女性会定期前去打理。

DELPHICA

▲ 米开朗琪罗想象的德尔斐阿波罗神谕

奥林匹斯十二神

奥林匹斯众神家族个个不好惹，
他们光荣、伟大、威严、诡计多端又奸诈

宙斯

奥林匹斯之主

　　强大的宙斯是奥林匹斯诸神的王与主宰，也是许多神明和英雄的父亲。他掌管的领域是天空，且能操控天气。他的代表动物是雄鹰，鸟类中最威武的一种。宙斯是所有神明中最强大的，甚至可能比其他所有神明加起来还要强大，但他并非战无不败，他不能肆无忌惮地违背他的神明兄弟们的愿望。

　　宙斯监管着誓言与款待，他神圣的光芒足以将凡人烧成灰烬。他多情不专，常与妻子赫拉之外的女人幽会。宙斯与达纳厄生下了英雄珀尔修斯，珀尔修斯后来杀死了蛇发的美杜莎；他还是奥林匹斯山半神赫拉克勒斯的父亲，也是最美丽的女人海伦的父亲。宙斯还有许多其他的情人，他的妻子赫拉会折磨那些被宙斯引诱的女人，以报复她受到的羞辱。

赫耳墨斯

神之信使

赫耳墨斯是宙斯和仙女迈亚（Maia）的儿子，信使与旅行者的守护神，他引导人们前往目的地。在《伊利亚特》中，赫耳墨斯带着特洛伊国王普里阿摩斯（Priam）穿过古希腊的防线去见阿喀琉斯，以找回普里阿摩斯被阿喀琉斯所杀的儿子赫克托耳的尸体。在赫拉、雅典娜和阿佛洛狄忒前往伊达山（Mount Ida）去参加帕里斯审判时，是赫耳墨斯带领她们到达了目的地。也是赫耳墨斯带领珀耳塞福涅（Persephone）走出冥界，回到人间的德墨忒尔身边。

波塞冬

海神

波塞冬是宙斯同父异母的兄弟，也是克洛诺斯的儿子。在宙斯、波塞冬、哈迪斯三兄弟推翻克洛诺斯之后，波塞冬将海洋作为了自己的王国。和大海一样，波塞冬时而平静，时而狂暴，他的武器和权力的象征是他的三叉戟。他睚眦必报，古希腊英雄奥德修斯因刺瞎了他的儿子，推迟了数年未能返回家乡伊萨卡岛。波塞冬还会造成地震，古希腊人称他为"撼地者"。

狄俄尼索斯

酒与狂欢之神

狄俄尼索斯是酒与葡萄树之神，他是宙斯与凡间女子塞墨勒（Semele）所生的儿子，信徒对他的狂热崇拜是古希腊信仰中最令人震撼的。女性在狄俄尼索斯崇拜中占有重要地位。这些被称为"梅娜德"（Maenad）的领袖会参加让人兴奋发狂，甚至涉及暴力的仪式，在仪式中她们疯狂地跳舞，并将野生动物撕成碎片。古希腊妇女会到山上去加入梅娜德率领的游行队伍，以参与狄俄尼索斯相关的仪式。她们会在酒神节的仪式上喝得酩酊大醉。

赫拉

天后

美丽绝伦的赫拉既是宙斯的姐姐也是他的妻子，同时也是众神的女王。赫拉掌管婚姻与母性，尽管她是宙斯的妻子，但她并不幸福。丈夫的花心让赫拉嫉妒成疾，她格外憎恨宙斯与凡间女子阿尔克墨涅（Alcmene）所生的儿子赫拉克勒斯。赫拉用尽手段想要折磨赫拉克勒斯，以报复宙斯对她的羞辱，但赫拉克勒斯实际上并没有伤害过她。赫拉克勒斯尚在襁褓中时，赫拉派了两条蛇去杀死他，两条蛇被小赫拉克勒斯发现并杀死，赫拉的谋杀因此受挫。后来，赫拉让赫拉克勒斯发疯，赫拉克勒斯在疯狂中杀死了自己的妻子和孩子。

赫拉对宙斯情人的嫉妒可能是致命的。她劝诱酒神狄俄尼索斯的母亲塞墨勒，让塞墨勒央求宙斯以完全神圣的光彩的形式出现在她面前。宙斯不情愿地照做了，可怜的女人在他过于强大的光芒下化为了灰烬。

雅典娜

智慧与战争女神

智慧女神雅典娜是宙斯与女神墨提斯（Metis）的女儿。这位聪慧的女神是文明之神，也是许多古希腊英雄的守护神。在《伊利亚特》中，雅典娜在长达十年的战争中一直站在古希腊一方，对抗特洛伊人，并直接介入帮助古希腊。她所提供的帮助的重要体现在于《伊利亚特》的开头，阻止战士阿喀琉斯杀死阿伽门农（Agamemnon）。在《奥德赛》中，我们能看到她帮助另一位受人爱戴的英雄奥德修斯从特洛伊前往伊萨卡。

雅典娜还是古希腊城邦中最大的城邦——雅典的守护神。公元前5世纪，雅典人就建造了帕特农神庙献给雅典娜，这是所有古希腊神庙中最宏伟的。

雅典娜的外表和举止都很庄严高贵，她对那些令她不高兴的人十分严厉。忒瑞西阿斯（Tiresias）不幸在雅典娜洗澡时看见了她，雅典娜因为这个可怜人冒犯了神明而弄瞎了他的眼睛。

德墨忒尔

生长女神

德墨忒尔是大地女神、母性之神、丰饶与丰收女神。德墨忒尔掌管着古希腊人用来制作面包的谷物，她对他们来说非常重要。她的主要节日是地母节，每年秋天举行，以祈求丰收。

德墨忒尔在解释季节，以及自然世界中每年的出生、生命、死亡和复生的周期方面发挥着重要作用。故事要从冥界之王哈迪斯夺走了女神的女儿珀耳塞福涅说起。

赫菲斯托斯

奥林匹斯的匠人

赫菲斯托斯是古希腊众神中伟大的铁匠。与其他神祇的完美躯体不同，赫菲斯托斯的腿有残疾，他是众神中局外人的缩影。赫菲斯托斯是所有金属加工者的守护神，尽管诸神钦羡他打造出的产品，但他却仍因畸形而受到他们残酷的嘲笑。得知不忠的妻子阿佛洛狄忒与阿瑞斯交合之后，赫菲斯托斯制作了一张魔法的网，在他们睡觉时罩在他们身上。就这样，两位神明被困住了，赫菲斯托斯叫来其他奥林匹斯众神观看并嘲笑这对通奸的情人。

阿波罗

音乐、治愈与神谕之神

　　英俊的阿波罗在希腊有两处主要的崇拜中心——德尔斐与提洛岛。德尔斐是他降下神谕的地方，也是他的女祭司皮提亚所在之处，皮提亚即为传达阿波罗神谕之人。在神庙中，皮提亚会接待询问未来的请愿者。阿波罗的武器是弓，他的祭司克律塞伊斯（Chryses）在特洛伊受到古希腊人的虐待时，他用携带瘟疫的箭射杀了许多古希腊人。据说他还驾驶着空中马车将太阳拉在身后，人们有时会称他为福玻斯（Phoebus），意为"光明"。

阿尔忒弥斯

狩猎之神，处女神

　　阿尔忒弥斯是阿波罗的双胞胎姐姐，两人是宙斯和女神勒托（Leto）的孩子。她是一位处女猎人，常被描绘成携带弓箭的形象，同时她也是分娩的妇女的守护神。作为贞洁女神，阿尔忒弥斯是少女的守护者，她极力维护着自己端庄的形象。一天，当阿尔忒弥斯在圣泉中沐浴时，不幸的猎人阿克特翁（Actaeon）偶然撞见了她，女神因猎人看到自己赤裸的身体而感到愤怒，将他变成了一头雄鹿，他自己的猎犬立刻把他撕成了碎片。

阿瑞斯

战神

阿瑞斯代表了战争所有的可怕与残酷。他是宙斯与天后赫拉的儿子，但他的父亲和其他神明不太喜欢他。战争太过恐怖，古希腊人自己也不喜爱这位神明。

真正青睐阿瑞斯的是爱情女神阿佛洛狄忒，两人生育了四个孩子，尽管阿佛洛狄忒已与赫菲斯托斯结为夫妻。四个孩子中的两个是福波斯（Phobos，意为恐惧）和得摩斯（Deimos，意为恐怖），都代表与战争密切相关的概念。

阿佛洛狄忒

爱神

爱与美的女神阿佛洛狄忒是在克洛诺斯将乌拉诺斯的生殖器扔进海里时从海的泡沫中诞生的。还有一个不那么可怕的神话，说她是宙斯和女神狄俄涅（Dione）的女儿。阿佛洛狄忒的主要崇拜中心在塞浦路斯，据说她出生在那里。奇怪的是，这位最姣美的女神竟然嫁给了最丑陋的神明——奥林匹斯山的跛脚铁匠赫菲斯托斯。阿佛洛狄忒对丈夫并不忠诚，有一次，她与战神阿瑞斯赤条条地躺在床上，被她戴了绿帽的丈夫怒不可遏，用一张魔法网抓住了两人。

阿佛洛狄忒对特洛伊战争的开端造成了重大影响。她与赫拉、雅典娜争夺最美丽的女神的称号，让特洛伊国王的儿子帕里斯在她们之间做出选择。赫拉许诺给帕里斯权力，雅典娜许诺给帕里斯胜利，而阿佛洛狄忒告诉帕里斯，她会让他拥有世界上最美丽的女人。

死者之国的神灵

冥界的住民大多是冷漠、冰冷、
黑暗、不可爱、骇人的存在，
只有极少数例外，但他们都有自己的作用

塔纳托斯

摄魂者

当命运三女神手中旋转、裁切、测量的命运之线到达尽头之时，塔纳托斯（"死亡"）就会来找你。他是死亡的化身，古希腊人的死神。

塔纳托斯是夜之女神尼克斯（Nyx）的儿子、睡眠之神修普诺斯（Hypnos）的兄弟，他不可能被欺骗，就算只是尝试欺骗他也非常危险。赫拉克勒斯是唯一战胜死亡的人。西西弗斯（Sisyphus）虽然成功骗过了塔纳托斯，但他后来遭受了永恒的折磨作为惩罚。

哈迪斯

冥界的主宰

哈迪斯是宙斯和波塞冬的兄弟，冥界之主和死者之王，是奥林匹亚最伟大的神明之一，但却不常受到崇拜和祈求，也很少作为主角出现在故事中。希腊人甚至不喜欢说出他的名字，会用各种代称和委婉的说法避开，因为他们认为这不吉利。

哈迪斯也被称作"普鲁托"（Pluto，意为"富裕之人"），作为大地之神，他能够辅助农作物生长，囤积贵金属和矿物，他也是财富的创造者；值得玩味的是，他还被称作"珀利得门"（Polydegmon，意为"好客之人"）——因为所有人最后都会来到他身边，或者"皮拉提斯"（Pylartes，意为"门栓"）——一旦你成为他的客人，就再也无法离开。

尽管人们讨厌哈迪斯象征的东西，但并不认为哈迪斯是邪恶的存在。哈迪斯不是魔鬼，他更像是一个明智且严苛的典狱长，试图欺骗他或逃过他的眼睛要冒极大的风险。

冥界是哈迪斯的家，但在一些传说中，他住在那里并非自愿。据说，在宙斯、波塞冬和哈迪斯瓜分天下时，哈迪斯并不想要冥界作为领土。"哈迪斯"可能有"不被看见的人"之意。

赫卡忒

生育女神，魔法女神

古希腊诗人赫西俄德（Hesiod）将赫卡忒视为最重要的神明之一，认为她仁慈且富有天赋，这是她作为生育女神的一面。但在罗德岛的阿波罗尼奥斯（Apollonius of Rhodes）书写的伊阿宋和阿尔戈的英雄故事中，赫卡忒是一位可怕的女神。

在某种程度上，这表明了古希腊冥界、死亡和生育三者之间的联系，这种联系是有一定道理的。赫卡忒也是古希腊神话多样性和矛盾性的一个很好的例子。人们将赫卡忒与冥界、魔法、死灵术、鬼魂、草药知识和毒药联系在一起，她喜欢夜晚和荒无人烟的地方。但同时，据说赫卡忒又是德墨忒尔和珀耳塞福涅富有同情心的好友，引导珀耳塞福涅进出冥界。赫卡忒身边有名为兰帕德（Lampads）的仙女陪伴，她们手持点燃的火把。

斯堤克斯

冥河女神

斯堤克斯（"可憎之物"）居住在冥界的一座由银柱搭建的宫殿里，她帮助宙斯对抗泰坦，受到宙斯的尊敬。斯堤克斯是冥河的统治者，这条河流从阿卡迪亚的切尔莫斯山流向冥界，绕死者之国九圈。为表尊敬，宙斯下令任何人都不得违背在冥河河畔立下的誓言，即使是神明，违背誓言也要受到严厉的惩罚。据说斯堤克斯是俄刻阿诺斯（Oceanus）和特提斯（Tethys）的女儿。

尼克斯

夜之女神

　　尼克斯（"夜晚"）是最古老的希腊神明之一，诞生于原始的混沌之中。她是一些最基本的神明的母亲，这些神明往往十分可怕，他们中有很大一部分由尼克斯独自孕育，没有其他男性参与。其中包括冥界最重要的几位神明，尤其是塔纳托斯，以及其他以各种形式与死亡相关的神明，比如修普诺斯（"睡眠"）、欧尼罗伊（"梦"）、涅墨西斯（"报应"）、莫罗斯（"命运"）、科尔（"厄运"）、格拉斯（"老年"）。当宙斯想要将修普诺斯逐出奥林匹斯山时，尼克斯成功击退了他，这也是一位不好惹的女神。

珀耳塞福涅

冥界王后

珀耳塞福涅是宙斯和德墨忒尔的女儿，她原本是谷物女神，和她的母亲一样。被哈迪斯绑架之后，珀耳塞福涅成了冥界的杰出居民，但她并不总居住在冥界。

哈迪斯想娶珀耳塞福涅为妻，他说服了宙斯，但没有说服他的妹妹德墨忒尔。哈迪斯驾着战车抓住了珀耳塞福涅，并将她带回了冥界。当德墨忒尔最终找到她被绑架的女儿时，她被告知如果珀耳塞福涅在冥界期间没有吃任何东西，德墨忒尔就能将她带回地上，但珀耳塞福涅在冥界吃了一些石榴籽。随后，宙斯提出了一项折中的方案，让珀耳塞福涅与哈迪斯结婚，并作为冥界王后与他一起生活，每年在冥界居住四到六个月（具体时间取决于故事版本），然后在地上度过剩余的时间。在珀耳塞福涅登场的其他神话中，她看起来并不抵触自己冥界王后的身份，往往与哈迪斯一起行动。

珀尔塞福涅是最具寓言意义的神灵之一，她在冥界的时间象征着冬天、短暂的死亡，而她在地上的时间则象征着生命力的回归。

摩伊赖

命运的守护者

　　有什么人或事物可以对抗甚至推翻宙斯吗？或许摩伊赖（"分配者"）可以做到，这取决于你听从谁的指令。摩伊赖通常被称为命运三女神，她们比奥林匹斯众神古老得多，人们认为她们可以决定或至少记录并监督个人的命运并预见未来。出生时，她们会测量你的寿命和财富。古希腊神话中的情况并不总是很清楚，有时甚至彼此矛盾，但我们还是可以看出，三位女神并不决定命运，相反，她们是宇宙秩序与平衡的客观表现。我们也不清楚众神是否完全服从于她们的裁决，或她们是否能改变命运——但两者都有例子。克罗托（"纺纱者"）、拉克西斯（"处置命运者"）、阿特洛玻斯（"不可避免者"）常被描绘为三位老妇人，一位为每个人的生命纺出一根线，一位剪断它，一位测量它。尽管她们的能力范围较为模糊，但她们的象征意义足够清晰。在一个故事中，据说阿波罗通过让她们喝醉来绕过她们的裁决。

喀戎

脾气暴躁的船夫

　　喀戎是艾瑞玻斯（"黑暗"）与尼克斯（"夜晚"）的儿子，他接收新死之人的灵魂，带领他们渡过冥河（一说阿刻戎河），送入冥府。传说他是一个邋遢、贪婪、脾气暴躁的老人。摆渡人这个职业很卑微，但喀戎很重要，必须受到尊重。如果你不支付船费，就将永远在冥河或阿刻戎河的彼岸徘徊。因此，古希腊人下葬时嘴里总是叼着一枚硬币，除非他们身无分文且没有朋友。

　　喀戎的象征意义是：无论生前地位如何，无论曾经有多么荣华富贵，能带去死者之地的只有进入冥府的费用，而你必须把这笔钱交给一个脾气暴躁、地位低下的老人，他掌控着你的去向。

　　喀戎也不能总是称心如意。赫拉克勒斯曾强迫他载自己过冥河，之后哈迪斯惩罚了喀戎，用锁链囚禁了他一年。

不羁的潘神

———— · ————

潘神在成千上万的传说中扮演牧神的角色，
这其中包括了他的死，一个著名的故事

作者：波比-杰·帕尔默

潘神是古希腊最早的农牧神，有着人的躯干、山羊的腿和角。潘在大量艺术和文学作品中有重要的地位，但他并不是古希腊的主要神明。

潘是野性、牧羊人和羊群、自然、山野、田野、树林、林地峡谷和性爱之神，与生育力和春天相关。潘神首先在古希腊的农村地区（即质朴的阿卡迪亚地区）受到崇拜，而非规模更大、人口更多的城市地区，这意味着他是少数没有人为其建造神庙和纪念碑的神明之一。他的崇拜地点位于自然之中，通常是在洞穴和石窟内，牧羊人、猎人和山民是他最忠实、最忠诚的信徒。潘的出身一直是一个谜，有些人认为他是赫耳墨斯的儿子，还有一些人认为他由林中仙女所生，具体细节因版本而不同，但关于潘出生的故事总是大同小异。据说在潘出生时，他的母亲嫌弃他丑陋的外表，竟然将他抛弃。接着，潘被带到奥林匹斯山，在那里受到众神的喜爱。

潘神的追随者和出身都不同寻常，但他如此出名还有另外一个原因：根据古希腊历史学家普鲁塔克的说法，潘是唯一一个死去的古希腊神明。《神谕的消亡》（*The Obsolescence of Oracles*）写道，一个神圣的声音将潘神的死讯传到了水手塔姆斯（Thamus）耳中，那个声音说："塔姆斯，你听得见吗？等你到达帕洛迪斯之后，记得宣告伟大的潘神已经死去。"塔姆斯一抵达帕洛迪斯，这个消息就引起了人们的哀叹，由此诞生了著名的神话"潘神之死"，时间大概是在公元14年至37年。

此后，许多基督教护教论者剖析了潘神之死，认为神学就是自潘神死后诞生的。英国神学家切斯特顿（Chesterton）解释道："从某种意义上来说，确实可以认为潘神之死的原因是基督的诞生。换一种说法，人们之所以能得知基督诞生，是因为潘神已死。这两种说法都算得上正确。"潘神已死的消息不胫而走，但仍有人相信塔姆斯错听了神的声音。

潘神以喜爱吹奏排箫闻名，英国作家、插画家沃尔特·克兰（Walter Crane）在这幅作品中描绘了他吹奏排箫的场景。

▶ 关于潘神的出身有许多相互矛盾的故事，但人们一致认为他是被奥林匹斯山众神收留的

▲ 据传，潘神经常追寻林中仙女并试图引诱她们

伊特鲁里亚信仰

揭秘意大利铁器时代对神明的信仰与崇拜

作者：凯瑟琳·马什

▲ 这座青铜奇美拉像是献给蒂尼亚——伊特鲁里亚众神之首——的礼物，其前蹄上镌刻的铭文是一段献辞

伊特鲁里亚人绝大部分的生活方式先后被古希腊和古罗马掩盖，因此对我们来说，这是一个笼罩在神秘之中的文明。伊特鲁里亚并没有留下任何文献供我们了解他们的生活方式或他们崇拜的文明。他们唯一现存的文字是铭文，将这些文字和艺术品、考古遗迹放在一起考察，就可以让我们深入了解这个铁器时代的文明——他们似乎经常祈求神明。

伊特鲁里亚神灵众多，几乎涵盖了生活的方方面面。其中包括天空之神、来世之神和自然之神，以及战争、爱情和边界等各个领域的神明。他们的众神之首是蒂尼亚（Tinia），相当于古希腊的宙斯和古罗马的朱庇特，其作用是维持下属之间的和谐关系。与当时的其他多神教类似，蒂尼亚有一个配偶，名为乌尼（Uni），他们的关系是古希腊神话造成影响的完美案例。

公元前12世纪，伊特鲁里亚文明诞生，其信仰也随之而生，但对它建立的头几百年，我们知之甚少，只能确认他们确实有自己的神、自己的神话，且他们描绘的神明往往面目模糊。但在古希腊人带着众神之间的争端和勇敢的英雄们的故事来到意大利半岛之后，一切都发生了变化。

公元前5世纪，伊特鲁里亚信仰开始发生变化。瓮和其他器皿上曾经面目模糊的神像变得更加人性化，逐渐发展出不同的特点。蒂尼亚和乌尼继承了伊特鲁里亚人对宙斯和赫拉的理解，同时还有新的神明引入，比如阿普鲁（Apulu），即阿波罗，只是名字听起来更像伊特鲁里亚人。

神灵众多，几乎涵盖了生活的方方面面。

◀托迪的玛尔斯（Mars of Todi），公元前5世纪的青铜雕塑。目前展出于梵蒂冈格雷戈里亚诺伊特鲁里亚博物馆（Museo Gregoriano Etrusco）

大约就在这个时候，伊特鲁里亚各地开始出现长期存在的神庙，尽管两件事并没有必然的联系。伊特鲁里亚早期的圣地只是一些开放的空间，通常只有祭坛或其他这类平台，接着出现了木制建筑、草屋，这些建筑如今已不复存在。直到石制建筑如雨后春笋般涌现，现存最早的一座是维伊（Veii）神庙（位于古罗马界外，属于拉丁人的领土），约建于公元前600年。

这座建筑后来被称为波托纳乔神庙，可能是献给神明门尔瓦（Menrva）的，这位神明在伊特鲁里亚对应雅典娜和密涅瓦（Minerva）。波托纳乔神庙是那个年代的典型宗教建筑，外面有一座独立的祭坛，一条石制水沟，用于倒入祭酒，建筑的形状大致呈方形。立柱在建筑物前方搭造出一个阳台，有台阶通向入口，同时侧面也有一个入口。屋顶上装饰有赤土雕像和瓦檐饰，内部则装饰着神话中的场景。

伊特鲁里亚的神庙风格独特，著名古罗马建筑师维特鲁威（Vitruvius）在写作时用"托斯卡纳"（Tuscan，一种古典建筑风格）形容它们。这些神庙通常在内部后方设有三个小房间，将祭坛设在室外。每个伊特鲁里亚城镇都会有神殿和神庙——通常有三座，因为他们认为"3"是最吉利的数字，一些神庙甚至吸引了来自地中海其他区域的游客和朝圣者。伊特鲁里亚城邦的长老们每年都会在法努姆·沃尔图奈（Fanum Voltumnae）神殿聚会，庆祝伊特鲁里亚历法中最重要的宗教节日，该神殿可能位于今日的奥尔维耶托附近（尚未发现遗迹），是最重要的圣地之一。

我们对伊特鲁里亚的神灵崇拜知之甚少，但我们还能探索其他宗教仪式。与古希腊人、古罗马人不同，伊特鲁里亚人相信命运，且认为命运几乎不可改变——要想改变命运，就要虔诚地崇拜神灵。古罗马历史学家李维（Livy）甚至称伊特鲁里亚人为"一个比其他民族更热衷于宗教仪式的民族"，在某种程度上来说，他可能是对的。

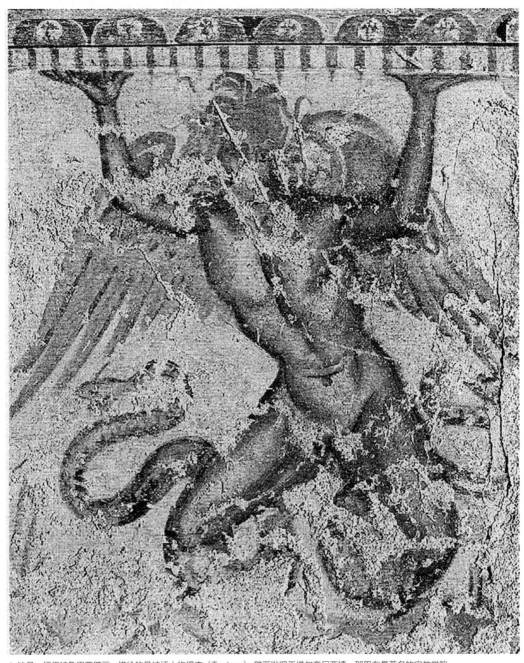

▲ 这是一幅伊特鲁里亚壁画，描绘的是神话人物提丰（Typhon）。壁画发现于塔尔奎尼亚镇，那里有最著名的宗教学院

▶ 一名在田间劳作的农民
在皮亚琴察附近发现了这
块铜肝

皮亚琴察铜肝

———◆———

谁能想到我们能从一件青铜器中学到这么多东西？这正是1877年皮亚琴察铜肝被发现之后发生的事情。有了这长约12厘米的小金属块，我们才能对伊特鲁里亚信仰和占卜过程有如此多的了解。

铜肝表面刻有大量铭文，记录了共计40位神明的名字，各有自己独特的部分。如果将这块铜肝与动物祭品的肝脏放在一起比对，就可以得知是哪位神明发出了预兆。铜肝分为两个部分，一侧意味着吉兆，另一侧的标记则意味着即将发生的事情并不那么有利。每个神名字的位置也有特殊的含义，一些历史学家认为之所以有16个名字刻在铜肝边缘，是因为这表明天界被分为16个区域。然而，也有人认为这表明空间被分为东、南、西、北四个部分。无论如何，皮亚琴察铜肝一直是破译伊特鲁里亚占卜的重要工具，毫无疑问，它对2000多年前训练祭司解读预兆也有很大帮助。

毕竟，宗教是我们最了解的伊特鲁里亚人生活的方面，因为我们有现存的证据。

预兆对确定未来会发生的事件及如何避免坏事非常重要。解读预兆的方法分为两大类：占卜和脏卜。前者是通过观察鸟类和雷击解读预兆，而后者则侧重于观察动物祭品的内脏。两者都用于预见未来事件、找出事情发生的原因，以及最大程度地减少不良影响。

祭司们通过大量训练，能够理解是哪位神明派出了闪电或鸟群、为什么派遣它们、即将发生什么，以及需要准备哪些祭品和仪式才能规避。占卜在伊特鲁里亚信仰中意义重大，还将进一步影响古罗马人的信仰。

很多古罗马占卜是在伊特鲁里亚占卜的基础上发展起来的。但古罗马人不愿意将其归功于伊特鲁里亚人——他们也这样对待其他被他们同化的文明。

伊特鲁里亚祭司被称为"西泮"（cepen），在伊特鲁里亚一带的宗教学院接受培训，其中最著名的是塔尔奎尼亚（Tarquinia）。他们几乎都是男性，只有少数女性会在某些仪式中任职。祭司们会逐渐了解他们的圣文，这些圣文如今被称作伊特鲁里亚律。这部律法已经消失在历史之中，但我们知道它由三个主要部分组成，详细介绍了预兆的解读、使用动物内脏预测未来，以及取悦神明应遵循的一般仪式和规矩。据说，它还涵盖了建立新居住地的指示，建造城门、神庙和祭坛的顺序，以及对农民的指导。传说所有这些信息都

▲ 维伊神庙门楣的一部分，维伊神庙是伊特鲁里亚最早的石制建筑之一

是由众神之首蒂尼亚的孙子塔格斯（Tages）和一位名为维戈亚（Vegoia）的仙女提供的。

在对伊特鲁里亚宗教场景的描绘中，祭司往往把胡须刮得干干净净，而受训者则蓄有胡须。此外，值得注意的是，信仰是伊特鲁里亚生活的重要方面，许多祭司都会在政府中担任要务——"教会"与国家分离几乎是无可想象的，因为神灵对凡人的影响实在太大。祭祀在伊特鲁里亚相当普遍——要么焚烧动物，要么通过祭坛边的水沟将动物血液献给冥界诸神，但在祭祀之外，普通人也会向神明献上祭品，可能是动物，甚至是需要治疗的身体部位的陶俑，也可能是小雕像或花瓶。它们被供奉在神庙及其他圣地，如河流、泉眼、洞穴和山脉中。

与古希腊、古罗马众神一样，伊特鲁里亚诸神内部纷争不断，绝不中立。古罗马人入侵之后，情况发生了变化。伊特鲁里亚诸神要么被同化到入侵者的神话中，要么彻底消失。到公元前3世纪，伊特鲁里亚的大部分地区都处于古罗马的控制之下，这意味着他们要遵循古罗马的生活方式，包括崇拜他们的神。

最终，伊特鲁里亚人不复存在——至少不再以他们本来的身份存在，但他们的信仰仍然令人着迷，希望有一天，我们能更多地了解这个独特的文明。

伊特鲁里亚之神

揭秘古罗马人到来之前照管着意大利半岛的那些鲜为人知的神

作者：凯瑟琳·马什

卡塔

卡塔可能是太阳女神或月亮女神，一位重要的伊特鲁里亚神明

卡塔是太阳的女儿，被伊特鲁里亚人尊为太阳女神，与皮尔吉对苏里（Śuri）的崇拜相同，皮尔吉是意大利中部拉齐奥的一个古老的伊特鲁里亚港口。卡塔不仅与太阳有关，其权能还延伸到了生育领域，她庇佑年轻的母亲和婴儿，确保世袭继承顺利完成。此外，她还将死者的灵魂引入来世，因此受到赞誉。

除此之外，人们对这位女神知之甚少。很难得知她在伊特鲁里亚人眼中到底是什么样子，因为少有她的图像出土，甚至有人质疑她太阳女神的身份。有人提出，虽然她被称为太阳的女儿，但实际上她可能是月亮女神，甚至还有人认为她根本不是女性。

杜兰

与阿佛洛狄忒对应的伊特鲁里亚神明

伊特鲁里亚语中的"七月"（Traneus）是以她的名字命名的，这就足以表明杜兰（Turan）在古意大利的重要性。这位爱、和平与和谐之女神是与乌尼、门尔瓦并列的伊特鲁里亚最重要的三位女神之一。杜兰常被描绘成长着翅膀的女神，与鸽子、鹅和天鹅等鸟类一起出现，代表生育力与母性，因此有时被称为"母亲"或"阿蒂"。她有一个儿子名为图尔努（Turnu），还有一个年轻的情人阿图尼斯（Atunis）。

拉兰

对应古希腊和古罗马战神的神明

战争到来时，伊特鲁里亚人会向拉兰（Laran）祈祷，他对应的是阿瑞斯和马尔斯。拉兰可能是蒂尼亚的儿子，在图像和雕像中常被描绘为全副武装、通常手持长矛、戴着头盔、肩披斗篷的形象。到公元前4世纪上半叶时，拉兰才出现在伊特鲁里亚文字中，他的传说似乎照应着古希腊神话——与巨人战斗，常与女神杜兰一起出现，就像阿瑞斯与阿佛洛狄忒。拉兰和杜兰生了三个儿子，都名叫马里斯（Maris），尽管名字与古罗马战神相似，但两者毫无关联。没有人确切地知道伊特鲁里亚人是如何崇拜拉兰的，只能确认人们只在私下崇拜他，且对他的崇拜传播到了意大利以外的地区。

乌西尔

一位无处不在的太阳神

乌西尔常被描绘为从海中升起的神明，他是太阳神，相当于古希腊的赫利俄斯或古罗马的索尔。随着时间的推移，乌西尔也有了阿波罗的特征，并成为伊特鲁里亚艺术中一个受欢迎的人物。乌西尔的形象通常带有阳光光环，或驾着驷马战车，他的形象随处可见，从镜子到屋顶的装饰，一应俱全。他还出现在伊特鲁里亚精英人士的葬车和战车的配件上，他的翅膀表明他能够飞越天空。

塞尔万斯

　　塞尔万斯是掌管边界和界限的神，他的样貌
与对应的古罗马神西尔瓦努斯（Silvanus）不同。
后者通常被描绘为一位留着胡须的老人，而这位
伊特鲁里亚神明却十分年轻，胡子刮得干干净
净。人们常在铭文和祭品中提及塞尔万斯，他很
受伊特鲁里亚人欢迎，也是森林和边界之神。人
们还认为他在冥界拥有一些力量，但今人对此知
之甚少。

门尔瓦

在密涅瓦出现之前，先有了门尔瓦

　　门尔瓦是伊特鲁里亚最重要的女神之一，掌管
两个不同的方面。一方面，她被视为战争之神，常
被描绘成戴着头盔、披挂胸甲和军用斗篷、举起长
矛进行攻击的形象；另一方面，人们将门尔瓦与健
康、治愈联系在一起，在她的神殿中发现的陶制身
体部位的祭品表明她的信徒相信她会治愈他们。

乌尼

比任何神明都更夺目的女神

伊特鲁里亚至高女神的身份落在了乌尼身上，她是蒂尼亚的妻子、门尔瓦的母亲，三者是伊特鲁里亚的三大主神。由于她的身份，乌尼常被伊特鲁里亚人描绘为母亲的形象，也被视作婚姻、生育的女神而受到崇拜。话虽如此，乌尼还有另外一面——她有时会被描绘成手持武器的模样，未穿盔甲，但披着长角的山羊的皮。乌尼还以她与赫克勒（赫拉克勒斯的伊特鲁里亚版本）的战斗而闻名，这场争斗最终被她的丈夫平息。两人和解后，乌尼照护了赫克勒，在某些伊特鲁里亚传说中，这使赫克勒成为不朽的存在。乌尼的形象与古希腊的赫拉非常接近。

阿普鲁

一位出现在意大利的古希腊神明

阿普鲁（Apulu，后写作Aplu），毫无疑问是古希腊人——他是一位外来神，几乎未经改动就被归入伊特鲁里亚诸神之列。在伊特鲁里亚传说中，他仍然是德尔斐神谕之神，只是与对应狄俄尼索斯的伊特鲁里亚神明福弗伦斯（Fufluns）共享这一权能。阿普鲁常被描绘成典型的古希腊人，身背弓箭、手持七弦琴、头戴桂冠，其中最著名的作品是维伊的阿波罗陶俑，该雕塑制于公元前510年前后，高1.8米，放置在神庙的最高处。伊特鲁里亚人改变了阿波罗名字中的元音，使其接近伊特鲁里亚语，他的双胞胎妹妹的名字也是如此，从阿尔忒弥斯变成了阿尔图美斯（Artumes）。阿普鲁的异域特征让他在伊特鲁里亚更具权威，很快，他就发现自己拥有了一群狂热的信徒。

蒂尼亚

手持闪电的立法者与领袖

伊特鲁里亚的众神之首是蒂尼亚。他以注重众神关系和谐而闻名，常用闪电作为下决定或判断的标志，因此被称为和平缔造者。人们认为闪电是蒂尼亚创造的，但也有其他伊特鲁里亚神明使用闪电。

蒂尼亚是一位掌管边界的神明，他在他出力创造的宇宙中执行正义，并以此闻名。监管土地的使用情况是他的职责，由此造成了旋风、冰雹、降雨等天气现象。

塔尔姆斯

众神的信使与调停者

塔尔姆斯（Turms）相当于赫耳墨斯和墨丘利，是伊特鲁里亚神话中的中流砥柱。他扮演着神与人之间、人界与冥界之间的调解人的重要角色，还以带领死去的凡人进入来世而闻名。塔尔姆斯有一张没有胡须的脸，戴着旅行者的帽子，拿着旅行者的手杖，有时肩上还长着翅膀。塔尔姆斯的形象常被用来装饰镜子等日常用品，也出现在一些伊特鲁里亚硬币上。因为能将灵魂运送到冥界，塔尔姆斯还在石棺上占有一席之地，与其他葬礼上的常见角色查伦（Charun）和塞伯鲁斯（Cerberus）一起出现。

查伦

一位与众不同的冥神

查伦这位死亡恶魔可不好惹，他常被描绘成手持一把锤子的形象，人人恐惧这把锤子，他却运用自如。查伦的职责是守卫通往冥界的大门，有时人们将他描绘成长着兽耳、鹰嘴、绿色皮肤和翅膀的形象，相当凶恶且丑陋。查伦的名字来自喀戎——运送古希腊人的灵魂渡过冥河、进入古希腊冥界的老人。查伦有时也会行善，尽管他往往会气势汹汹地拿着锤子对待那些向他走来的灵魂，但也有人看到他用锤子杀死那些堵住来世之路的蛇或其他生物，保护旅行者通过。

赫克勒

这位英雄是伊特鲁里亚的神明

伊特鲁里亚的赫克勒与古希腊、古罗马的赫拉克勒斯十分相似，但有一个重要的区别：在伊特鲁里亚，赫克勒始终是一位神明。旧神话中从凡人变为神明的故事并没有延续到赫克勒身上，在伊特鲁里亚传说中，他生来就是神明。伊特鲁里亚和拉齐奥各地都为他修建了神殿和神谕所，他也享受人们对自己的崇拜。

与大多数伊特鲁里亚神明一样，我们并不清楚赫克勒如何被崇拜，但人们认为赫克勒与水有关。我们还知道，许多士兵将赫克勒奉为战士之神，一些展现他的冒险和辛劳的雕像和纪念碑可以追溯到公元前7世纪末。赫克勒的事迹在整个伊特鲁里亚广为人知，并具有象征意义，但这在随后几个世纪中一直受到政治领导人和暴君的操纵。

古罗马信仰

古罗马人统治着整个帝国，却也被神明统治着，
神明掌控着他们生活的方方面面

作者：本·加祖尔

古罗马人的思想很奇特，顽固的实用主义与根深蒂固的迷信交织在一起，密不可分。帝国的军团在世界各地行进时，人们感到古罗马的力量并非源自他们可怕的军事实力，它倚仗的是众神的善举。如果不了解古罗马在基督教兴起前的信仰，就不可能了解古罗马。

古罗马的建国神话就体现了他们对神迹的重视。当时，罗穆卢斯（Romulus）和雷穆斯（Remus）想要建造一座城市，他们在天空划出一块地方，等待众神送来的消息。雷穆斯看到了六只鹰，但罗穆卢斯看到了整整十二只。这就是为什么我们研究的是"罗马"信仰，而不是"雷马"信仰。古罗马人崇拜的神明与古希腊世界的神明有着明确且密切的联系。古希腊人的天父宙斯演变为古罗马人的朱庇特，同时保留了天父的角色。有一些证据表明宙斯和朱庇特都是由早期的、原始的印欧神明演变而来的，而其他的早期神明则融入了各个神明体系，消失在了历史的记忆中。

意大利的许多地区都曾被古希腊城邦殖民，这些地区的人信仰着建造他们城市的神。随着古罗马东征西战、逐渐扩大影响，这些城市也进入了古罗马的版图，他们的神也就成了古罗马的神。狄安娜、密涅瓦、维纳斯和赫拉克勒斯都被认为是以这种方式成为古罗马神明的。

在这些神明到来之前，古罗马的信仰首先受到伊特鲁里亚信仰的影响。伊特鲁里亚人的历史早于古罗马，并在公元前9世纪至前6世纪控制

古罗马有12位主神，
后来也承认了数百位小
神和外来神明的力量

密特拉神

在罗马帝国各地的地下遗迹中都曾发现奇怪的纪念碑。在圆顶的洞穴中树立有一个年轻人杀死公牛的雕像。这些雕像被称为密特拉屠牛像，是密特拉崇拜的遗产。

密特拉教只是罗马帝国时期盛行的众多"神秘邪教"之一。这些邪教通常来自异国，号称能让信徒了解被外界隐藏的秘密，比如关于来世的秘密。我们对密特拉教知之甚少，但在其神庙中发现了一些蛛丝马迹。

有时人们将密特拉描绘成一个从岩石中诞生、与太阳神一起用餐，或是被蛇包围的长着狮头的形象。神庙的中心神像始终是屠牛像。我们得知密特拉信徒称自己为"握手者"（syndexioi）。也许密特拉教的秘密就在于信徒之间的联系。该宗教在士兵中很受欢迎，一直延续到公元4世纪，那时密特拉教成了基督教的敌对信仰，受到了镇压。

▲ 屠牛像是密特拉教崇拜的焦点，与士盛古罗马信仰中的动物祭祀传统相呼应

了与古罗马接壤的大片土地。古罗马吞并最后的伊特鲁利亚城市时，早已接受了伊特鲁里亚的大量宗教活动。伊特鲁里亚人研究自然，寻找神的指示的痕迹。哈鲁斯皮斯（Haruspices）是他们的祭司，利用祭祀动物的内脏来解读天意。务实的古罗马人将在接下来的几个世纪中沿用这种方法来解读预兆、预测未来。

因此，公元前100年左右诞生的最纯粹的古罗马信仰已然是挪用来的信仰。尽管有些傲慢的贵族家庭瞧不起"异国"信仰，他们也不得不承认神明早已被引入城市。公元前217年，意大利正遭受汉尼拔军队的蹂躏，古罗马人不顾祭司的警告，在特拉西米诺湖与汉尼拔正面交锋，由此导致了历史上最惨重的战败之一。显然众神并没有站在古罗马这边。在参考了神圣的西比拉神谕之后，古罗马决定将西西里岛的一座城市埃里克斯（Eryx）的维纳斯神像迁往古罗马，并向这位女神供奉了巨额贿赂，在古罗马市中心为她建造了一座神庙。女神像被迁移到古罗马，受到众人崇拜，古罗马最终击败了汉尼拔。

古罗马人并不通过安静的沉思来祈祷，他们允许崇拜者和被崇拜者之间的交流。古罗马信仰是表演式的，崇拜活动喧闹多彩。古罗马神庙是吟唱颂歌、绘制华丽的神像、进行动物祭祀的场所。为了安抚众神，古罗马人必须让他们看见自己得到了什么好东西。

有一些证据表明古罗马信仰中曾发生过活人祭祀。一个传说这样写道：一场地震在古罗马广场上撕开了一条裂缝，人们担心众神会感到不悦。城市收到告知，要将最珍贵的物品献给这条深沟，以安抚神灵。马库斯·库尔提乌斯（Marcus Curtius）穿上战甲、跨上马，跳进了深沟里，宣称勇敢是古罗马人最珍贵的财富。那条裂口在他身后合上了，古罗马得救了。有些人认

▲ 在庞贝废墟中发现的古罗马家庭神龛

为，角斗最初是一种丧葬仪式，将角斗中死去的战士作为祭品献给死者。

人类可能曾是众神的祭品，但到了罗马帝国时代，动物接过了抚慰神灵的重担。常被宰杀的动物包括羊、猪和牛。由于祭品应是自愿献身的，祭司会在用锤子把它击晕并割断它的脖子之前让它保持冷静。祭祀盛宴结束之后，众神会以神像的形式出现在现场。人们会焚烧祭祀动物的一部分，方便众神在信徒们举办盛宴的同时，在烟雾中享受祭品。

普通家庭为祈求祝福可以献上小额的祭品，若要拯救一座城市，人们就会献上巨额的祭品。

为了从与汉尼拔的战争中幸存，一座城市向朱庇特献上了那年春天出生的每一种动物。有人买不起公牛，那么向神献酒、一串葡萄或蜂蜜蛋糕也是可以的。并非所有仪式都需要规模宏大、流程完整。

对多神教体系而言，所有神明都有他们的位置。古罗马人家庭中往往设有小型神龛，供奉那些在家庭中受到特别尊敬的神灵。家庭守护神拉雷斯（Lares Familiares）和迪·佩纳特（Di Penates）是在家庭中拥有特殊地位的神。迪·佩纳特会守护拥有这所房子的家庭。每到用餐时，家庭成员会将食物的一小部分放入火中，好让迪·佩纳特也一起用餐。家庭守护神拉雷斯不仅对家庭成员负责，还对住在房子里的所有人负责，包括住在家中的奴隶。

多神教能吸纳新神，古罗马皇帝由此获得了独特的政治机遇。古罗马人会习惯性地崇拜那些曾是凡人的人物，比如罗穆卢斯，据说他神秘地消失，去了天界。民众甚至认为一些人拥有神明的血统。古罗马的创立者埃涅阿斯（Aeneas）是维纳斯的儿子，尤利乌斯·恺撒（Julius Caesar）得以宣称自己是女神的后裔。恺撒被一些人奉为活神，共和国出资为他建造了一座形如神庙的房子，他的雕像也被树立为神像。可惜的是，恺撒的肉体并不像他的雕像那样刀枪不入。

恺撒被谋杀之后，人们正式将他宣称为神。这时他的养子兼甥孙奥古斯都（Augustus）就可以称自己为"神之子"（Divi Filius）了。"奥古斯都"这个名字本就是他出于宗教原因为自己选择的名字。他允许意大利之外的公民以他的名义建造神庙，但或许是害怕重蹈他养父的命运，奥古斯都禁止古罗马这样做。当来自亚历山大港的水手给予奥古斯都神圣的赞誉时，他十分高兴。这些水手说，是托奥古斯都的福，他们才能够在海上安全地航行、贸易并拥有自由。这是古罗马对神明的实用主义定义——能够为信徒提供帮助的人。奥古斯都去世后，一位参议员看到一只老鹰从火葬柴堆中飞起，因此人们决定要让奥古斯都也在古罗马受到纪念。许多接下来继任的皇帝在去世后都跟随奥古斯都升入了天堂，韦帕芗（Vespasian）皇帝到临终前都还在嘲笑帝国的信仰。"唉，"他说，"恐怕我要变成神了。"

古罗马异教的衰落与皇室息息相关。君士坦丁（Constantine）是第一位使基督教在帝国合法化的皇帝，随着时间的推移，异教的标志、包括元老院的胜利雕像都被拆除了。尤利安皇帝（被基督徒称为叛教者尤利安，Julian the Apostate）是最后一位异教皇帝，在基督教兴起后登基，虽然他努力在新信仰之外恢复对古罗马旧神的崇拜，但他的统治太过短暂，未能恢复宗教宽容。据传他在说出"你赢了，加利利人"之后战死，此后罗马帝国变得更加基督教化，并最终成为纯粹的基督教世界。

奥古斯都像

Free tours of
Lower Cast
Gallery start a
2.00pm on
Thursdays
and Saturdays
ASHMOLE

▲ 动物是人和神之间的信使，在古罗马神话中得到了浓墨重彩的描绘，比如养育了罗穆卢斯和雷穆斯的狼

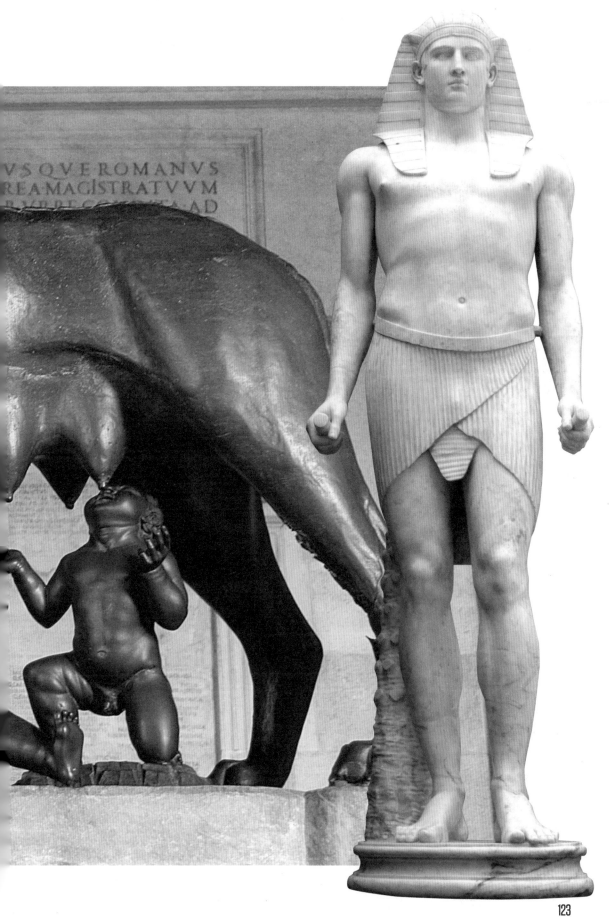

古罗马十二神

—— ◆ ——

认识古罗马人崇拜、尊敬和敬畏的男神和女神

作者：凯瑟琳·马什

朱诺

绝不仅是朱庇特的妻子

如果你是古罗马的一位女性，尤其是已婚女性，那朱诺就是你的女神，因为她关注着女性生活的方方面面。朱诺拥有自己的节日——每年3月1日的主妇节（Matronalia）。节日期间，万物更新、万物复苏，丈夫会向妻子赠送礼物。朱诺有多重身份，其中朱诺·卢西娜（Juno Lucina）这个身份掌管分娩，埃斯奎琳山上有一座神庙专门为她的这个分身而建。朱诺有幸成为最古老的罗马神明之一，她与密涅瓦、自己的兄弟兼丈夫朱庇特并称为"卡皮托里尼三神"——古罗马最初的三神，都是从伊特鲁里亚文化吸纳进古罗马众神中的。几个世纪过去，朱诺的地位越来越高，对她的崇拜也不断扩大，最后她被公认为国家的女神之首，和朱庇特平起平坐。

维纳斯

爱与母性落在丘比特母亲手中

在萨图恩（Saturn）阉割了自己的父亲、他的血落入大海中之后，一位新的女神——维纳斯从大海的泡沫中诞生。维纳斯掌管着爱情、性、美丽和生育。维纳斯不加歧视地挑选自己的伴侣——她的恋人既有神明，也有凡人，伏尔甘和马尔斯都属于前一类，她与后者也孕育了许多具有神明血统的孩子，这些凡人包括安喀塞斯（Anchises）、阿多尼斯（Adonis）和西西里国王布特斯（Butes）。已知的第一座供奉维纳斯的神庙建于公元前295年，位于阿文丁山，随着时间的推移，不断有更多的母亲与变心者崇拜维纳斯，她的声誉也与日俱增。古罗马人也不吝于通过节日来纪念她，维纳斯节和维纳利亚·乌尔巴纳节（Vinalia Urbana）都在4月举行，后续还有8月的维纳利亚·路斯提卡节（Vinalia Rustica）和9月的维纳利亚·几尼特里克斯节（Venus Genetrix）。

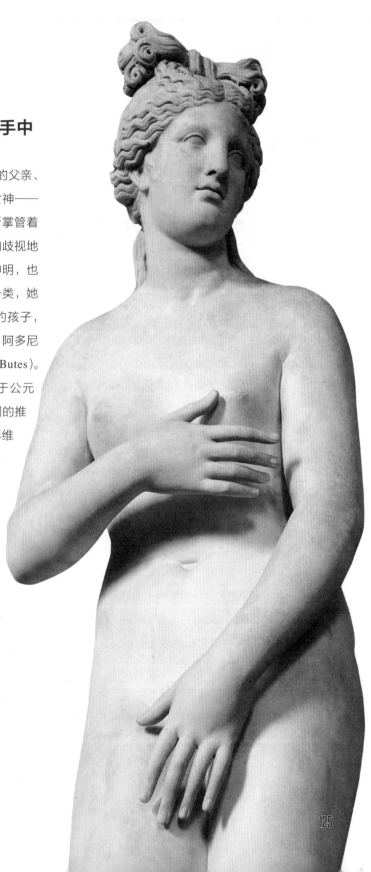

朱庇特

至高无上的统治者

在古罗马万神殿中，强大的朱庇特凌驾于众多其他神明。他拥有宏伟的王座和鹰顶的权杖，是掌权者，也是守护每一位古罗马公民的神。朱庇特的管辖范围是天空和与之相伴的一切，他会在阴天吹走乌云，或用雷霆轰击那些惹怒他的人。他最宏伟的神庙坐落在卡皮托里尼山上，是最好、最伟大的朱庇特神庙，将军和皇帝凯旋时都会到此游行，展示他们从战斗中获得的战利品。朱庇特是一位王者，但他也犯有滥情的过错并因此闻名。他已与姐姐朱诺结婚，却想方设法爬上了许多凡间女性的床，让她们生下了赫拉克勒斯、墨丘利、巴克斯等孩子。

密涅瓦

战争不只是男性的主场

密涅瓦是古罗马的三位主神之一，掌管着古罗马人生活的许多方面：智慧、医学、商业、诗歌、艺术、手工艺和战争。她神性的最后一个领域——战争，是随着时间的推移出现的，她也因此越发频繁地入侵马尔斯的领域。最终，密涅瓦从她同父异母的哥哥手中接过了五日节，一个为期五天的庆祝活动，标志着军队竞选季的开端。除战争神外，密涅瓦还在整个罗马共和国内赢得了胜利之神的声誉，庞培（Pompey）在东方打了胜仗之后，就为她修建了一座神庙。密涅瓦在阿文丁山上拥有一座建于公元前263年或前262年的神殿，该神殿成为该市工匠行会的聚会场所。西莲山还有一座供奉她的神殿，图密善（Domitian）皇帝则在涅尔瓦广场以她的名义建造了一座神庙，声称这位女神庇佑着自己。

尼普顿

这位神明监管着海洋，是渔夫的朋友

在古代地中海，海运是最快的运输方式，因此，祭祀海神至关重要。对古罗马人而言，这位海神正是尼普顿，他是朱庇特和普鲁托的兄弟。尼普顿最初是淡水河流、湖泊与溪流之神，在公元前4世纪至前3世纪古希腊神明被吸纳之后，尼普顿与他在古希腊的对应神波塞冬重合了。他手持三叉戟，常与海豚一起出现——在过去，海豚被认为与波塞冬有关。

每年夏天，尼普顿都会享受自己的节日——海王节（Neptunalia），该节日以游戏闻名，但除此之外的活动我们知之甚少。尼普顿在古罗马广阔的内陆领土上也受到崇拜。他与一位名叫安菲特里忒（Amphitrite）的海中仙女结婚，生下了一个半人半鱼的儿子特里同（Triton）。他也是声名狼藉的飞马珀伽索斯（Pegasus）的父亲。

马尔斯

庇佑着古罗马的保护者与战士

在一个通过战争与征服建立起来的文明中，战神总是在万神殿中身居高位——马尔斯是仅次于朱庇特的神。马尔斯以古希腊神阿瑞斯为原型，但他拥有更多古罗马人的特点，使他与其他古希腊神区分开来。所谓古罗马人的特点，就是指他更加冷静、更有道德。一些人认为马尔斯是罗穆卢斯和雷穆斯双子的父亲。他也常被视作古罗马和古罗马人生活方式的保护者，保卫着永恒之城的边界并阻挡敌人。纪念他的节日在3月和

10月举行，其中"3月"（Martius）是以他的名字命名的，3月和10月都是古罗马军事季结束的月份。3月有赛马节（Equirria）、战神节（Feriae Marti）、阿戈尼姆节（Agonium Martiale）、图比卢斯节（Tubilustrium），其中赛马节是为确保马匹能在战役中保持良好状态举办的。10月在阿文丁会举办阿米鲁斯特姆节（Armilustrium），人们在过冬存放武器之前通过这个节日净化它们。

狄安娜

如果要深入密林，大概要向狄安娜祈祷

在受到古希腊神话的影响之前，狄安娜可能是意大利的林地神，但成为古罗马神明后，狄安娜早早就与阿尔忒弥斯产生了千丝万缕的联系。狄安娜掌管的领域主要是野生动物、家养动物，以及狩猎。她同时也是一位生育女神，女性渴望受孕和即将分娩时会向她祈求。狄安娜也被认为是古罗马下层阶级和奴隶的保护者，她的节日——8月13日至15日——是下层人和奴隶的节日。如今，狄安娜最著名的崇拜场所是"林中狄安娜"（Diana Nemorensis）的圣树林，位于内米湖畔，距罗马约一小时车程。她还在城内的阿文丁河畔拥有自己的神庙，这里是拉丁联盟基金会章程的所在地，其历史可以追溯到公元前6世纪。

墨丘利

长着翅膀的神使

公元前495年，一位新神来到古罗马。墨丘利是商店主、旅行者、货物运输者、小偷和骗子的神明，他在阿文丁山上拥有一座全新的神庙。墨丘利与母亲迈亚（Maia）共享这座神庙，并与母亲一同享有"墨丘利节"（Mercuralia）。墨丘利节在每年的5月15日举行，是墨丘利神庙落成的纪念日。描绘墨丘利时，人们会从他的古希腊对应神赫耳墨斯身上汲取灵感，给他带翅膀的凉鞋或带翅膀的帽子；还有人会给他一个袋子，用来装他要运输的货物，或者给他一根用来调解冲突的魔杖。

古代传说中常有墨丘利的身影——在维吉尔（Virgil）的《埃涅阿斯纪》中，是墨丘利提醒埃涅阿斯他需要离开狄多才能建立古罗马；他在奥维德（Ovid）的《变形记》（*Metamorphoses*）中也出现过几次，随心所欲地出现在凡人面前。

维斯塔

庇佑女性的女神

　　罗马市中心的广场上有一座神庙，里面燃烧着火焰，据称如果这团火焰熄灭，罗马就会大难临头，因此它由维斯塔的信徒看守着。维斯塔是炉火女神，也是面包师的守护神——两者之间的联系显而易见。维斯塔节（Vestalia）于每年6月7日至15日举行，只有在这个时候，女性才能进入她神庙最深处的神殿。维斯塔通常被描绘成一个侧身而坐的女性，从头到脚披着布料，她走进了古罗马的家家户户，与佩纳特和拉雷斯一起被供奉在家庭神龛中。

　　维斯塔信徒中的女祭司被称为维斯塔贞女，她们拥有一些女性特权，比如看戏时可以坐在剧院的前排，而不用和后排观众待在一起。

克瑞斯

收获作物时，记得向这位女神祈祷

　　大多数神明都只在认为某个凡人特殊或有价值的情况下才会前来帮助他们，但克瑞斯对凡人一视同仁。这位农业和谷物女神每天都在滋养着人类，她教人类如何种植、贮存、处理谷物和作物。克瑞斯善良仁慈，随时乐于帮助任何有需要的人，这与她的兄弟朱庇特不同，由此诞生了一句习语——"比肩克瑞斯"（fir for Ceres），意思是某件事是辉煌的、伟大的。

　　克瑞斯在阿文丁山上拥有一座神庙，每年4月19日举办克瑞斯节（Cerealia）。然而，这座于公元前496年左右建成的寺庙在公元前31年遭遇了严重的火灾。奥古斯都皇帝深知其重要性，因此一定要重建这座神庙。这座神庙成为下层阶级的信仰和政治中心，里面展示了绚烂的艺术品，因此颇负盛名。

伏尔甘

这位神明发怒时，别站在火山边

伏尔甘的相貌并不出众——实际上，在伏尔甘还是个婴儿的时候，哭起来实在太过丑陋，于是母亲朱诺把他从天上扔了下去，这一摔让他腿部终身残疾。从长远来看，这次事件对伏尔甘也有好处，因为他正是因此最后遇见了维纳斯。造化弄人，维纳斯恰恰是美神，后来成了伏尔甘的妻子。两人的关系并不一帆风顺，传说每当维纳斯有外遇时，伏尔甘的怒火就会导致火山爆发。8月23日是火神伏尔甘的节日（Vulcanalia）。伏尔甘也是众神的铁匠，由于他的火焰具有毁灭的力量，于是为以防万一，他的神庙通常建于城外。

阿波罗

一位变成古罗马神明的古希腊神

有些古罗马神明几乎就是古希腊神明的翻版，毫无疑问，阿波罗是其中之一。阿波罗是太阳神、治愈之神、预言之神，是朱庇特的儿子、狄安娜的双胞胎兄弟。古罗马第一座供奉阿波罗的神庙建于公元前5世纪，时值瘟疫横行，人们为"治愈之神阿波罗"（Apollo Medicus）在马塞勒斯剧院附近建造了一座神庙。阿波罗有一项其他神明都不具有的本领——他会在德尔斐降下神谕。来自地中海各地的人们通过他的代言人皮提亚寻求他的建议，这种情况从古希腊时代一直延续到公元前191年，之后神庙的控制权移交给古罗马人。在整个罗马帝国时期，这座圣地一直保留着，人们在那里举办各项比赛，直到基督教接管了神庙。公元393年，狄奥多西（Theodosius）皇帝要求关闭所有异教圣地，德尔斐与其他古罗马众神一道失去了重要性。

凯尔特信仰

凯尔特信仰延续了数千年，
遍及整个欧洲大陆，如今却鲜为人知。
那些黑暗深林中的神秘信徒是谁？

作者：本·加祖尔

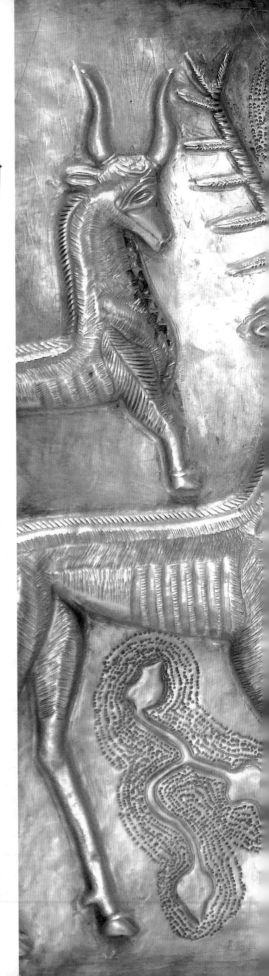

对于古希腊人和古罗马人来说，欧洲的森林、丘陵和平原都是令人恐惧的。没有文明涉足的阴暗的原始森林是举行活人祭祀和黑暗仪式的场所。大陆的北部、东部和西部是野蛮人的家园，这些人被他们称为凯尔特人。

尽管古人倾向于将凯尔特人视为一个单一的社群，但实际上他们是由许多部落和民族拼凑而成的。凯尔特人内部可能在语言和文化上有很多共同之处，但他们从来都不是一个民族。从西班牙到保加利亚，从苏格兰的荒野到地中海，一千多年来，他们的信仰出现了许多地方差异。凯尔特信仰是一种很难被完全掌握的信仰。

来自凯尔特人的敌对势力的情报往往有待推敲，比如源自恺撒的信息。恺撒在他的著作中并不提及高卢诸神的本名，而是以对应的古罗马神的名字来称呼他们，声称高卢人的主神是墨丘利。高卢凯尔特人显然有许多自己的神明，但留下的考古证据却很少。他们很可能为神明雕刻了木制雕像，但这些雕像没有幸存下来。一些学者对此提出质疑，认为凯尔特部落大多崇拜自然，他

凯尔特世界充斥着神明、怪物和英雄。冈
德斯特拉普坩埚（Gundestrup Cauldron）
上描绘了凯尔特神话中的许多场景

们的神并不是拟人化的人类形态。

我们所掌握的有关凯尔特人的证据涵盖甚广，从古不列颠到现代的土耳其，其中有数百位神灵的名字被提及，但许多神明只被提到过一次。这些神可能是某些部落特有的地方神，比如女神塞夸娜（Sequana）掌管着塞纳河，但数百公里外的凯尔特人就无需她的帮助了。也可能许多名字指的是同一位神，在不同的地方有不同的称呼。毋庸置疑的是，确实有许多神在相当广阔的地域上曾受到崇拜。

欧洲的许多地方都提到了一位名叫卢格斯（Lugus）的神。法国的里昂、苏格兰的洛锡安和波兰的莱格尼察都是以他的名字命名的。爱尔兰凯尔特人的神卢格（Lugh）也与卢格斯有关，他具有恺撒描述的凯尔特的"墨丘利"神的许多特征。他是技艺、艺术与贤王之神，爱尔兰和威尔士诗歌中的颂词和叙述将他描绘成一位勇敢而又理想的君主。

来自凯尔特部落的其他神明可能没有相同的名字，但有明显的跨部落的地域划分。整个欧洲西北部都曾有过母神（Matres），这些女神大多以三人一组的形式出现在祭坛和雕像上，是流传很广的凯尔特神，与牺牲和奖赏有关，其中一位女神总是提着一篮子丰富的水果和蔬菜。

拥有力量和战斗杀伤力的凯尔特神灵数量众多，由此可知战争一定是凯尔特部落生活的一个主要方面。对凯尔特人而言，战争本身似乎就是女神的化身。在高卢南部，战士可能会向安达塔（Andarta）祈祷，但当不列颠的布狄卡（Boudicca）纵马迎击古罗马人时，她高喊的是安德拉斯特（Andraste）的名字。在爱尔兰，摩莉

甘是三位女神，代表战争的浩劫、使用武器的技巧，以及战争的走向。我们无从得知不同地区的凯尔特人是否会将这些名称不同的神灵当作同一位女神。

最引人瞩目的凯尔特神灵或许是长角之神。人们在欧洲各地都曾发现过一个长着一对鹿角的男子的图像和雕像。对他的广泛描绘表明他在凯尔特信仰中出现的时间较早，且在众神中拥有重要的地位。该神通常被称为塞努诺斯，身边时有动物环绕，尤其是鹿。他的部分动物形态可能暗示着他与自然的紧密联系，而据我们对凯尔特信仰习俗的了解，自然是最重要的一个方面。

我们对古凯尔特人的了解大多来自外界，凯尔特人自己从未写下他们的宗教信仰。恺撒在《高卢战记》中提到，这是为了阻止教义在祭司阶级——德鲁伊——之外传播，也是为了保护那些能记住凯尔特知识的人。

凯尔特人对德鲁伊的训练可持续20年之久，这些德鲁伊是社会和宗教的领袖，是历史、医学和法律等知识的宝库。他们需要向国王进谏，有权通过法律判决。而他们最重要的角色是充当高卢、不列颠和爱尔兰三个地区的凯尔特人与众神之间的中间人。一位名叫迪维西亚库斯（Diviciacus）的德鲁伊凭借预测未来的能力给古罗马政治家西塞罗留下了深刻的印象。

德鲁伊在考古记录中没有留下任何物质痕迹。他们似乎是在密林中的小树林里举行仪式的，老普林尼（Pliny the Elder）曾描绘过穿着白袍的德鲁伊爬上橡树、用金色镰刀收获槲寄生的场景，不落地的槲寄生可以用来治疗各种疾病。植物学和医学知识与德鲁伊的信仰及神学密不可分。

拥有力量和战斗杀伤力的凯尔特神灵数量众多。

▲ 尽管围绕圣布丽姬的描绘有明显的基督教意象，但许多人认为她曾
是异教神灵

对基督教的影响

————◆————

　　许多地区的凯尔特信仰都被吸收到了古罗马信仰之中，相对未罗马化的爱尔兰则被基督教占据。抄写者有时会对留存了凯尔特传说的中世纪爱尔兰文本加以修饰，暗示基督教出现之前已有异教存在。基督教对凯尔特多神教的取代并不彻底，后者的有些方面最终融合进了爱尔兰基督教中。有角之神塞努诺斯似乎对圣西亚兰（St. Ciaran）的形象有所影响——据说圣西亚兰住在森林里，他的第一批追随

者是动物。这种融合可能使爱尔兰凯尔特人更容易接受基督教。

　　圣布丽姬是爱尔兰最重要的圣人之一，但有些学者怀疑她是否真实存在，因为她与一位凯尔特女神同名。两位都被赋予了相似的意象与奇迹，都与爱尔兰基尔代尔的圣井有关，且在两者的崇拜仪式上都需要由侍从守护的圣火。

▲《高卢战记》中描述的凯尔特一宗教的"人祭"场景，18世纪作品

在爱尔兰，凯尔特信仰对基督教影响深远，异教女神转变为了基督教圣人。

个别德鲁伊可能因其自然哲学知识让古罗马人惊艳或给古希腊人留下了深刻的印象，但作为一个群体，他们被视为威胁，尤其是对古罗马入侵者而言。德鲁伊传授灵魂轮回的理论，这是一个死而复生的过程，人们认为这种理论会让凯尔特人更加无所畏惧，因为他们不害怕在战斗中死亡。活人献祭的观念也让古罗马人胆战心惊。许多资料都提到德鲁伊供奉人类祭品，包括恺撒也曾描述他们在柳条笼子里焚烧祭品，还有其他一些支持这些说法的证据。欧洲各地的沼泽中都有保存完好的沼泽尸体，他们往往是在仪式中被勒死的，且一定在凯尔特信仰中发挥了某种作用。

公元1世纪，征服高卢和不列颠后，古罗马人开始对他们的新臣民进行文明教育，而这需要镇压德鲁伊。塔西佗（Tacitus）记录了古罗马人如何倾尽全不列颠的兵力来驱逐德鲁伊，最终将他们赶到威尔士西北海岸的安格尔西岛：

"岸边站着敌军，密密麻麻的武装战士的队伍中有许多复仇女神般穿黑衣、头发蓬乱、挥舞棍棒的妇女正横冲直撞。四周的德鲁伊举手向天，口中唱着可怕的咒语，陌生的景象把我们的士兵吓得四肢瘫软、一动不动，露出一身破绽。"

德鲁伊用尽了他们的语言力量和宗教权威，但仍然无法与军团的力量抗衡。不列颠的德鲁伊传统从此衰落，但它可能在爱尔兰又存活了几个世纪。

德鲁伊的衰亡并不意味着凯尔特信仰的毁灭。在罗马帝国以外的东方，仍然有一些凯尔特人，即使是在罗马帝国境内，也有人继续崇拜旧神。古罗马人并不执着于信仰的单一性，只要古罗马的神明受到尊重，并以皇帝的名义进行祭祀，那么人们就可以自由地崇拜他们想要崇拜的任何其他神。

古罗马人在发现凯尔特人崇拜场所的地方建立了神庙和神殿。凯尔特人之前会在泉水和河流边向众神献上珍贵的礼物。古罗马风格的神庙建立起来之后，那里的崇拜变得正规化，也将凯尔特人带入了古罗马世界。古罗马人还将凯尔特的地方神与自己的神明联系起来，在巴斯受到崇拜的苏利斯神（Sulis）在古罗马的统治下成为苏利斯·密涅瓦。当然，这只是其中一个方面的影响。

爱珀娜（Epona）是凯尔特的马匹女神。对古代部落而言，马匹在战争、旅行和农业中发挥着至关重要的作用。尽管爱珀娜是一个高卢语名字，但欧洲各地都曾发现骑马少女的画像。早期的爱珀娜可能也在生育方面发挥了作用。尚武的古罗马人将爱珀娜归入自己的信仰，作为骑兵的保护神。阿普列乌斯（Apuleius）描写过一座马厩里的神殿，里面装饰着玫瑰，甚至在古罗马也曾发现有关爱珀娜的铭文。

▲ 这辆凯尔特马车是为宗教用途设计的，可能用于祭祀或奠酒活动

▲ 马匹女神爱珀娜，她腿上放着一篮水果

圣布丽姬：凯尔特雅典娜

凯尔特人的雅典娜、密涅瓦是诗人的梦想，
并逐渐与基督教的圣布丽姬融合

作者：波比－杰·帕尔默

▲ 布丽姬与雅典娜、密涅瓦具有相似的品格，与手工艺、智慧和冶金术有关

在爱尔兰神话中，布丽姬是超自然种族图哈德达南（Tuatha DatDanann）家族中的一员，她是达格达（Dagda）的女儿、布雷斯（Bres）的妻子，与布雷斯育有一子，名为鲁阿丹（Ruadán）。她还有两个姐妹——治愈者布丽姬和铁匠布丽姬，许多人因此将布丽姬视为三位一体的神明。布丽姬与她在欧洲大陆的对应神布里甘蒂亚（Brigantia）常被认为是凯尔特民族中相当于古罗马神话中的密涅瓦和古希腊雅典娜的女神，因为她体现了与两者相同的崇高的国家概念。

作为生育、治愈、诗歌、工匠技艺和春天等事物的女神，圣布丽姬伟大而又高贵，受到世界各地诗人的崇拜。在《夺取爱尔兰记》（*Lebor Gabála Érenn*，一部讲述爱尔兰从建国到中世纪的故事的诗歌和散文集）中，布丽姬拥有两只名为"费"（Fe）和"蒙"（Men）的牛，以及野猪之王托克·特里阿斯（Torc Triath）、羊之王克里布（Crib），这些动物常会发出警告的叫声。布丽姬因与这些野兽的渊源被称为家养动物的守护

神，还被认为是医学、艺术、手工艺、圣井和蛇的守护神，以及所有与"高"的概念有关的事物的女神，如高高升起的火焰、高地、山堡和高地地区等。

到了中世纪，布丽姬与基督教中来自基尔代尔的圣布丽姬融为一体，修士们借用古老的母神的形象，将她的名字和作用融合到了基督教的对应人物身上。融合了这两位之后，圣布丽姬与圣火之间的联系变得家喻户晓，她位于爱尔兰基尔代尔的神殿中就有一捧圣火，由一群虔诚的修女长年守护。据说火焰周围有一道无人能越过的树篱，传说任何试图穿越它的人都会受到诅咒，变得疯狂、残疾，甚至死去。

在基尔代尔，以及凯尔特人土地上的其他地区，人们时至今日仍在纪念圣布丽姬。女神布丽姬和圣女布丽姬都与圣井有关，因此人们会精心打扮，并将衣物绑在治愈井周围的树上，以表达对她们的敬意。罗马天主教会、东正教和英国圣公会都会在每年的2月1日庆祝盖尔传统中的圣布丽姬日，又称圣烛节。

作为生育、治愈、诗歌、工匠技艺和春天等事物的女神，圣布丽姬伟大而又高贵，受到世界各地诗人的崇拜。

▲ 圣布丽姬的形象与基督教中的同名圣人逐渐融合，两人合二为一
▼ 爱尔兰基尔代尔郡的圣布丽姬大教堂，从前基督教时期到16世纪一直燃烧着不灭的圣火

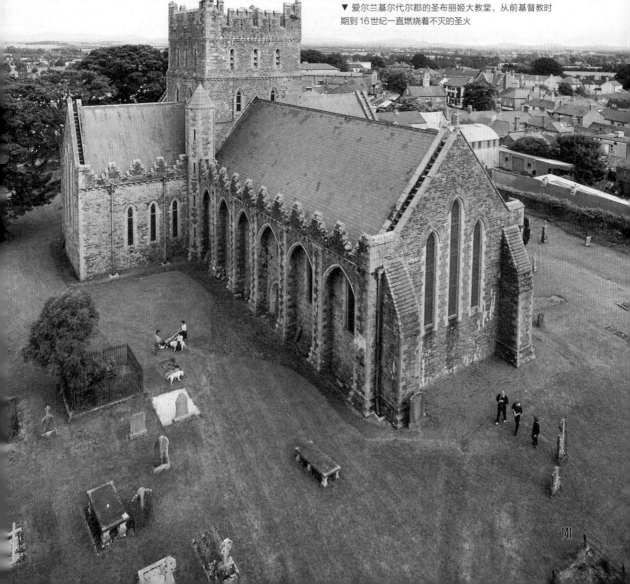

爱尔兰神话中伟大的神：达格达

— · —

达格达是爱尔兰神话中与奥丁对应的神，拥有极强的力量，他挥舞着一根法杖，一端可以剥夺生命，另一端则可以复活……

作者：波比－杰·帕尔默

▲ 图为约翰·邓肯（John Duncan）的画作《西德的骑士》(Riders Of The Sidhe)，描绘了被称为图哈德达南的超自然神族

爱尔兰神明达格达是布丽姬的父亲，也是征服佛摩瑞人的超自然种族图哈德达南的一员。他常以父亲、首领、德鲁伊的形象出现，与魔法、智慧、生育力、农业、男子气概、力量联系在一起。许多人相信他能控制天气、作物、季节、时间，以及生与死。

达格达的外表就是我们能想象的一位全能神的样子，穿戴一应俱全。他是一个留着大胡子的男人，常被描绘成披着连帽斗篷的形象。他经常拿着一个永远不会空的大釜、一个大到可以舀起两个人的勺子，还有一把用橡木制成的魔法竖琴，可以控制情绪、改变季节、指挥战斗。但他最著名的工具还要数他挥舞的法杖"莫尔王"（lord mrd）。法杖的一端一击可以杀死九个人，另一端则可以使他们复活。

达格达起源于爱尔兰，据说他居住在博因河河曲（Brú na Bóinne，今爱尔兰米斯郡史前纪念碑纽格莱奇墓），但也与乌伊斯内（Uisneach）、艾利奇的格里南（Grianan of Aileach）、阿萨罗瀑布（Assaroe Falls）和内湖（Lough Neagh）等地有关，其中一些地方以他的名字命名。

据说达格达的名字起源于原始凯尔特语单词"Dagodeiwos"，意为"好的神明"或"伟大的神"，但纵观达格达的生平，他还有许多其他绰号，其中大部分都能反映他性格的各个方面。"Eochaid Ollathair"意为"万神之父"，"Ruad Rofhessa"意为"伟大知识之主"，"Dáire"意为"丰饶者"，"Aed"意为"如火之人"，"For Benn"意为"有角之人"或"巅峰之人"，"Cera"意为"创造者"。多重属性使达格达被视为爱尔兰神话中最重要的神明之一，他甚至被比作日耳曼神奥丁、高卢神苏塞洛斯（Sucellos）和古罗马神迪斯佩特（Dis Pater）。尽管达格达声名显赫，但有些人对他并不尊重。基督教的改编让这位神明变成了一个略带喜感的角色。就算保留了他的大釜、竖琴和魔法杖，他们也会把达格达描绘成一个愚蠢又粗鲁的形象，穿着一件几乎遮不住屁股的小外衣在地上走。

◀ 信徒在圣帕特里克节纪念达格达，竖立起这位强大的神明的面像

凯丽杜恩与塔利埃辛的故事

为帮助她丑陋的儿子，女巫凯丽杜恩配制了一种药水，无意中导致了一位传奇吟游诗人的诞生

作者：波比-杰·帕尔默

凯丽杜恩是威尔士中世纪传说中的女巫，许多现代信徒会将她描绘为凯尔特人的重生女神、变形女神和灵感女神。凯丽杜恩拥有强大的力量和诗意的创造力，但她也有些堕落。威尔士学者伊佛尔·威廉姆斯（Ifor Williams）将这位女巫的名字翻译为"扭曲的女人"（Crooked Woman），很有寓意。凯丽杜恩与丈夫特吉德·沃伊尔（Tegid Foel）住在威尔士北部的巴拉湖附近，两人育有两个孩子：一个美丽的女儿科莱丽（Creirwy）和一个丑陋的儿子莫尔夫兰（Morfran）。中世纪威尔士诗歌中常常提到凯丽杜恩那口酝酿诗意灵感的大锅，而由这口大锅带来的劫难，让凯丽杜恩成了威尔士神话《塔利埃辛传说》（*Tale of Taliesin*）中的重要角色。

故事中说，凯丽杜恩想要帮助自己丑陋的儿子，给予他智慧，以弥补他外表的不足。她开始用她的大锅酿造一种魔法药剂，打算用药剂的前三滴为莫尔夫兰带来智慧与诗意的创造力。为实现这一计划，凯丽杜恩的魔药必须烹煮一年零一天，因此女巫雇了一个

威尔士北部的巴拉湖是凯丽杜恩、她的丈夫特吉德·沃伊尔、女儿科莱丽和儿子莫尔夫兰的家

▲ 凯丽杜愚用她知名的人锅酿造了一种魔法药剂，这药剂可以为她丑陋的儿子带来智慧与诗意的创造力

盲人来照看大锅下面的火，而她的仆人，一个名叫格维昂·巴赫（Gwion Bach）的小男孩负责搅拌。在搅拌的过程中，三滴滚烫的药水落在了格维昂的拇指上，他下意识将它们舔掉了。舔掉药水之后，格维昂得到了莫尔夫兰渴望的智慧与知识，凭借新的智慧，格维昂立刻意识到凯丽杜恩会因为自己的行为杀死自己，他为了保命逃走了。

凯丽杜恩开始追杀格维昂，两人先后各自把自己变成了野兔和灰狗、鱼和水獭、鸟和鹰，最后格维昂变成了一粒玉米，凯丽杜恩变成了母鸡，把格维昂整个吃了。但因为药剂的缘故，格维昂并没有死。凯丽杜恩再次怀孕，她决心在孩子出生后杀死孩子。然而，孩子诞生后，凯丽杜恩发现这个孩子实在太漂亮了，她于心不忍，只好将孩子装进皮袋，扔进了海里。这个孩子被王子埃尔芬·艾普·圭德诺（Elffin ap Gwyddno）发现，并被取名为塔利埃辛。后来，这个孩子成了传奇的吟游诗人。

凯丽杜恩当年可能在凯尔特神话中更为出名，但她在异教群体中也是一个受欢迎的人物，后来许多作家都相信她最初是一位女神。

▲ 后来成为传奇吟游诗人的塔利埃辛被凯丽杜恩扔进了海里，之后被埃尔芬·艾普·圭德诺所救

塞努诺斯：森林的保护者

作者：波比－杰·帕尔默

掌管生育、生命、动物、财富和冥界的神明贯穿了整个凯尔特神话，轨迹遍布所有高卢人、凯尔特比利亚人群体，但他的名字"塞努诺斯"只在公元1世纪的古罗马圆柱"船夫之柱"上出现过一次。在其他地方，这位神明被简称为"长角之神"。

塞努诺斯是一个谜。关于他的信徒、他名字的起源，甚至他在凯尔特信仰中的意义，我们知之甚少。不列颠群岛和西欧的许多地方都可以发现对塞努诺斯的描绘，他通常是一个头发蓬乱、蓄着胡须、长着鹿角的男人，手持或佩戴环饰，盘腿坐在动物中间。塞努诺斯长着强壮的鹿角，是森林的保护者，也是狩猎大师，人们常常将他与雄性动物联系在一起，尤其是发情的雄鹿。

塞努诺斯外貌凶狠，但实际并非如此。在一些传统中，他是死者与垂死之人的神明，会花费时间安抚死者，在他们进入精神世界时为他们歌唱。由于他长了一对角，经常有人会错误地将他的形象理解为撒旦，基督教中的人则会误认他的信徒在进行恶魔崇拜。如今，一些宗教传统会将塞努诺斯尊崇为男性能量、生育力和力量的化身。

在其他一些传统，尤其是较新的传统中，人们将季节的循环与长角的男神（即塞努诺斯）和女神之间的关系联系在一起。在秋天，塞努诺斯与植被一同死去，接着到了春天，圣烛节时，塞努诺斯又会复活，并使让土地肥沃的女神怀孕。两位神明之间存在关系的观念出现得比较晚，没有证据表明古人也会因此庆祝。

在庆祝期间，信徒会在森林和其他有植被覆盖的地方献上祭品。许多人会一边呼唤他的名字，一边将一杯酒、牛奶或圣水倒在地上，并用他的象征物——树叶、脱落的鹿角、苔藓和新土——装饰祭坛，希望怀孕的人也会呼唤他的名字，让他保佑自己成功受孕。

▲ 塞努诺斯被描绘为一个长着鹿角的男人，一脸大胡子、头发蓬乱，常常盘腿坐在动物之间。

▲ 不列颠群岛和西欧的许多地区都发现了长角之神的图像，让他收获了大批信徒

▶ 塞努诺斯的鹿
角常被错认为山羊
角，基督教徒则误
认为他与恶魔有关

摩莉甘

——·——

若战士们在战斗中看到一只黑乌鸦，
他们会祈祷它不是变形者摩莉甘，因为摩莉甘预示着死亡

作者：波比－杰·帕尔默

爱尔兰神话中的摩莉甘与战争、命运、宿命有关，给人带来不祥的感受。摩莉甘以预言厄运、死亡和胜利而闻名，她的名字大致可以翻译为"幽灵女王"。摩莉甘可以变形，经常变成一只被称作"拜芙"（Badb）的黑乌鸦，谁若在战场上看到她，就是看到了不祥之兆。除预言死亡之外，摩莉甘还会煽动战士并帮助他们赢得胜利。她会鼓励士兵做出勇敢的举动，让敌人心生恐惧，人们常描写她为那些注定要死的人清洗血迹斑斑的衣物。

与许多神明一样，有时候人们也认为摩莉甘其实是三位姊妹神，被称作"三莫里尼亚"（the three Morrígna）。有些人认为这三位神明指的是拜芙、玛查（Macha）和内曼（Nemain），也有人认为是三位土地女神埃里乌（Ériu）、班达（Banda）和福德拉（Fódla），其他人则认为这些名字指代的都是同一位女神。摩莉甘还被认为是爱尔兰神达格达善妒的妻子，在后来的民间传说中，还与女妖（banshee）联系在一起。女妖是爱尔兰神话中的一种女性幽灵，用令人毛骨悚然的哀号预示家庭成员的死亡。

摩莉甘在神话《阿尔斯特传说》（Ulster Cycle）中首次登场，与英雄库丘林（Cúchulainn）发展出了一段暧昧的关系。库丘林在自己的领地上看见摩莉甘正在驱赶一头小母牛，但没有认出她，在不知其身份高贵的情况下，库丘林侮辱了她。在库丘林把手放到她身上之前，摩莉甘变成了一只黑鸟，落到附近的树枝上。意识到摩莉甘的身份后，库丘林恳求她，说如果自己早知道她是谁，绝不会侮辱她，两人也会友好分开。但为时已晚，摩莉甘告诉他，库丘林对自己的所作所为会给他带来厄运。库丘林继续恳求她不要伤害自己，摩莉甘则向他发出了一连串的警告作为回应，并预言了一场即将到来的战斗，而在这场战斗中，库丘林会被敌人杀死。摩莉甘说："我是在守护你的死亡，这是我的职责。"

▲ 摩莉甘可以变形成一只黑色的乌鸦，人们若在战争前看见她，则是不祥之兆

▲ 在库丘林侮辱了自己之后，摩莉甘与他对峙，并预言他在即将到来的战斗中运气不佳

卢格：
太阳与风暴之神

卢格是誓言、真理、法律之神，门徒甚众，
是一位你绝不想招惹的救世主……

作者：波比－杰·帕尔默

海神马纳南·麦克·里尔（Manannán mac Lir）收养了卢格，
并赠予他一把名为弗拉加拉赫（Fragarach）的传奇之剑

▲ 卢格以其神奇的长矛闻名。这幅插图由哈罗德·罗伯特·米勒（Harold Robert Millar）绘制，为查尔斯·斯奎尔（Charles Squire）出版的《凯尔特神话与传说》(Celtic Myth And Legend，1905年）一书的插图

▲ 卢格是掌管多个领域的神明，包括工艺、誓言、法律、真理和王权的合法性

卢格被描绘成一位战士、国王、工匠大师、救世主，也是超自然种族图哈德达南的一员，是爱尔兰神话中最重要的神明之一。他技艺高超，精通多个领域的知识，常与誓言、真理、法律和王权的合法性相关，同时也被视作风暴之神，爱尔兰梅奥郡的雷暴就是卢格与他的祖父、强击者巴洛尔（Balor the Strong-Smiter）之间的战斗导致的。卢格还是太阳神，象征着启蒙，因为他给世界带来了光明。

卢格一头金发，相貌俊美，是巴洛尔的女儿艾丝妮（Ethne）与图哈德达南族中一名叫希安（Cian）的年轻人所生。后来卢格被爱尔兰女神塔尔蒂乌（Tailtiu）收养，而他的养父则是强大的海神马纳南·麦克·里尔。

和许多其他神明一样，人们在描绘卢格时总要带上他的魔法道具：一支不可阻挡的炽热长矛、一块投石和一把剑。据《图哈德达南的四件宝物》(The Four Jewels of the Tuatha Dé Danann)记载，卢格的长矛不存在破解之法，但其他资料

也提到，卢格扔出长矛之后，必须把矛头放在一壶水中才能熄灭它燃起的火焰。卢格还是一位使用投石的大师，他的投石百发百中，甚至在马格图雷德之战中用投石杀死了巴洛尔。卢格的剑通称弗拉加拉赫，意为"回答者"，曾属于马纳南，在《图伊雷恩之子的命运》(The Fate of the Children of Tuireann)一书中，马纳南在图哈德达南一族的集会上将弗拉加拉赫送给了卢格。

卢格身边不止有武器。人们还常提到他骑着一匹名为安巴尔（Aonbharr）的马，这匹马可以穿越陆地和海洋，也是马纳南给他的。图伊雷恩的孩子们问卢格是否可以借用他的马，卢格拒绝了，说他人借给自己的东西不宜再转借。作为补偿，卢格把自己的魔法船借给了他们，这艘船名为"扫浪号"（Wave-Sweeper）。

尽管卢格拥有强大的力量，但他在民间传说中经常看起来像个戏法师。他与一个以他的名字命名的收获节（Lughnasadh）有关，据说他还发明了球类运动、赛马和盖尔人的象棋。

领土女神的世界

桂妮薇儿和凯利奇这样的著名神话人物都被
阐释为领土女神，但现代学者往往并不这么认为……

作者：波比－杰·帕尔默

"领土女神"几乎是凯尔特神话的专有名词，指的是象征拟人化的领土的女神，通过与国王结婚或与国王发生性关系来授予国王主权。随着时间的推移，"领土女神"已成为凯尔特神话中最著名和最值得研究的主题之一。

最知名的领土女神之一是威尔士亚瑟王传奇中亚瑟王的王后桂妮薇儿（Guinevere），不同版本的故事中，她的性格相去甚远，从毒妇，到墙头草，到高贵、贤淑但自卑的女士——对她的描绘多种多样。另一位领土女神是盖尔神话中的凯利奇（Cailleach），在苏格兰被称为冬之女王贝拉（Beira）。一些人认为，贝拉只是大步穿过土地，从柳条篮中扔下石头，就形成了许多山脉和丘陵；而另一些人则认为，她在各个国家之间建造的山脉其实是她的踏脚石。她常被描绘成拿着一把锤子的形象，她用这把锤子来塑造山丘和山谷。

梅芙（Medb）是爱尔兰神话《阿尔斯特传奇》（Ulster Cycle）中康诺特国的女王，也被解读为领土女神。她以拥有多位王族丈夫而闻名，其中最著名的是康诺特国王艾利尔·麦克·马塔（Ailill Mac Máta）。梅芙意志坚定、性格狡黠，据说她有一头金发，容貌极美，男人看她一眼就会被夺去三分之二的勇气。她是一位善战的女王，也是威廉·莎士比亚《罗密欧与朱丽叶》（Romeo and Juliet）中妖精女王麦布（Mab）的原型。

安农（Rhiannon）是中世纪威尔士故事集《马比诺吉昂》（Mabinogion）中的主要人物，她也常被认为是领土女神，与高卢的马匹女神爱珀娜有关。她美丽、有智慧、具有政治战略眼光，同时也十分怪异、神奇，从她骑马的方式——她骑得很慢，但没有人能追上她——到她小小的行囊，这个包裹被施了魔法，普通的方式无法填满它。

过去许多神话中的女性角色被贴上了领土女神的标签，但最近这个名词受到了批评，因此许多研究凯尔特文化的学者只能用更委婉的方式将神话中的女性角色解释为领土女神，也有人认为这些神话中的女神让女性的形象受到了负面的影响。

▲ 桂妮薇儿是亚瑟王的王后，常被认为是一位领土女神，是亚瑟王传奇中的一位重要角色

▲ 安农是神话故事集《马比诺吉昂》中的角色，也有许多人认为她是一位女神

▲ 梅芙是一位领土女神，也是爱尔兰神话中的一位女王。她结婚多次，多任丈夫都是王室成员

奥丁和弗丽嘉是北欧诸神中最
强大的神明，掌管着自然万物。
他们是许多神明的父母

北欧众神

寒冷海域的彼端是严寒的国度，那里的人崇拜着反映自然现象的神明——但他们的神学有多少是后来的基督教创立的呢？

作者：阿普里尔·马登

在北欧九界诞生之前，宇宙只分为两部分：炙热之地穆斯贝尔海姆（Muspelheim），以及严寒之地尼福尔海姆（Niflheim）——那里喷出有蛇出没的泉水赫弗格米尔（Hvergelmir），其苦水流入埃利瓦加河（Élivágar）。穆斯贝尔海姆和尼福尔海姆的交界处是金伦加（Ginnungagap），即原始虚空。当尼福尔海姆的霜风与穆斯贝尔海姆火星闪烁的微风在柔软、温暖、潮湿的虚空中心相遇时，雾气就诞生了。在这里，在北欧梦幻般的夏日气候中，沉睡的巨人尤弥尔（Ymir）诞生了：

远古是尤弥尔生活的时代；

那里没有大海，没有凉爽的波浪，也没有沙子；

地面不存在，天空也不存在，

只有深深的鸿沟，哪里都没有草。

上文来自预言诗《沃卢斯帕》（Völuspá）的第三节，本诗写的是一位女巫向主神奥丁讲述世界的开始和终结。《沃卢斯帕》是《诗意埃达》（Poetic Edda，收录了许多挪威神话的匿名诗集）的一部分，在冰岛的《王权抄本》（Codex Regius）和后来由抄写员兼法律发言人豪客·埃伦德森（Haukr Erlendsson）记录的冰岛历史和神话《豪客抄本》（Hauksbók）这两本斯堪的纳维亚文献中完整地发现了《诗意埃达》的全文。接着，《沃卢斯帕》继续讲述了尤弥尔在睡梦中出汗，他的汗水造就了第一个巨人（jötnar）。原始母牛欧德姆布拉（Auðumbla）的牛奶养育了尤弥尔，而欧德姆布拉靠舔食金伦加冰块上的盐分维生。有一天，金伦加中显现出一个男人的形象，他的名字是布利（Búri），布利有一个儿子，名叫博尔（Borr，没有具体说明博尔是如何出生的），博尔

▲ 在北欧世界观中，九个世界由世界树相连，世界树是一棵名为尤克特拉希尔的巨大白蜡树

圣树

———◆———

世界白蜡树尤克特拉希尔（Yggdrasil）在形而上学意义上连接了北欧世界观中的九个世界：冰、火、人类、精灵、巨人和矮人的世界，两大神族的世界，以及死者的世界。世界树上栖息着鹿、龙和鸟，一只名叫拉塔托斯克尔（Ratatoskr）的松鼠在树上跑来跑去，啃咬树皮和树枝，在世界树最高层和最底层的住民间传递不同意见。世界树下方，三个诺恩（Norn，类似于命运女神）编织着神与人的命运。

据说这棵树名字的含义是"奥丁之马"，但这并不是指他的八足坐骑斯莱普尼尔（Sleipnir）——洛基的儿子。在这个语境下，"马"是"绞刑架"的一种隐喻，人们常称绞刑架为"绞死的马"，因此，"奥丁之马"指的就是绞死奥丁的绞刑架。但奥丁为

何被绞死呢？奥丁是一位文明英雄，他赐予他的人民智慧、诗歌，最后还有卢恩符文（Rune）——平凡及神奇的挪威富萨克（Futhark）文字。奥丁在世界树上吊死之后获得了卢恩文字的知识：

我知道我挂在一棵被风吹动的树上，
整整九个晚上，
带着长矛的伤，奥丁献上，
向自己献上自己；
在那棵没有人知道
其根源的树上。
没有人给我面包，也没有人给我一杯酒，
我向下凝视，
我自己运用了符文，哀嚎着学会了它们，
然后就从那里掉下去了。

与女巨人贝斯特拉（jötunn Bestla）结婚，育有三个孩子：奥丁、威利（Vili）、菲（Vé）。三个神子，阿萨神族中的第一代神，杀死了尤弥尔，并用他的尸体建立了世界。《格里姆尼尔之歌》（*Grímnismál*）写道：

> 大地由尤弥尔的血肉打造而成，
>
> 海洋是他的血液；
>
> 他的骨头造山，他的头发造树，
>
> 他的头骨高耸入云。

在讲述了恶作剧和魔法之神洛基（Loki）与人争吵或嘲讽他人的诗歌《洛基的争吵》（*Lokasenna*）中，洛基嘲笑奥丁，说这位伟大的神的妻子在丈夫外出期间与威利和菲上了床。洛基本人也可以和奥丁组成另一个三神组合：在另一个故事中，赫尼尔（Hœnir）、洛杜尔（或洛基）和奥丁在新建立的、由尤弥尔的眉毛创造的中间世界米德加德（Midgard）发现了两棵树，并赐予这两棵树礼物，赋予它们知觉、代理权和人性。

> 他们没有精神，他们没有感觉，
>
> 也没有血液、意志、色彩。
>
> 奥丁赋予了精神，赫尼尔赋予了理智，
>
> 洛杜尔赋予了血液，以及美丽的色彩。

两棵树成为最初的人类——阿斯克（Ask）和他的妻子恩布拉（Embla）。恩布拉的词源未知，可能代表"藤蔓"，也可能是"辛勤劳作"的意思；阿斯克的含义则更明显，意为"白蜡树"，与北欧世界观中在概念上连接九个世界的巨大白蜡树尤克特拉希尔相近。

北欧的创世神话看起来有些眼熟，这是有原因的。几个世纪以来，北欧神话一直是由负责记忆和传承法律的法律发言人进行记录、保存和口头传承，再经由伏尔瓦（völva，即巫师）进行口头阐释的，直到公元 8 世纪，基督教逐渐传播到斯堪的纳维亚，北欧神话才以文字形式被记

▲ 在北欧的创世神话中，原始母牛欧德姆布拉的奶养育了原始巨人尤弥尔，世界在尤弥尔的尸体上建造而成

录下来。写下这些记录的人既想保留他们的本土神话，又想成为优秀的现代基督徒、抛弃过去的异教传统。这些手稿中的重复与编造让人眼花缭乱，13 世纪时，冰岛法律讲述官斯诺里·斯图鲁松（Snorri Sturluson），即《散文埃达》（*Prose Edda*）的作者，以"亚细亚"（Asia）为词源衍生出"阿萨"（Æsir），并将北方诸神重塑为荷马的《伊利亚特》中描写的特洛伊陷落后的难民。他之所以这样做，是因为前有先例——古罗马民族史诗，由维吉尔于公元前 29 年至前 19 年间创作的《埃涅阿斯纪》（*Aeneid*）就宣称古罗马人的血统来自特洛伊的埃涅阿斯；蒙茅斯的杰弗里（Geoffrey of Monmouth）如法炮制，在 12 世纪的《不列颠王史》（*Historia Regum Britanniae*）中借用埃涅阿斯的后裔布鲁图斯（Brutus）的名号对不列颠人做出了同样的主张。斯诺里很可能从杰弗里那里获得了灵感，从而想到要将先祖信仰的神明与特洛伊战争中出身高贵但不幸战败的英雄结合起来。这样一来，两位作者（包括他们之前的维吉尔）就有了恰当的理由，赋予他们的神话古代文明的特质，同时摒弃其中"古老""原始""落后"的本土异教信仰。斯诺里为他的多神教先祖的开脱十分明显，他把"特洛伊

人的后裔"阿萨神族当作真正的神明，因为他们拥有美好的外表、卓越的智慧与魔法，以及良好的文明水平。

尽管受到了基督教思想和古代文明的双重影响，但斯诺里仍然专注于讲述众神的故事，比起宗教仪式般的故事，这些家常的炉边故事更为耳熟能详。许多北欧神话是对听众观察到的自然现象的解释，比如夏日的炎热被解释为狡狯的洛基在放羊或播种燕麦；鲑鱼尾巴有扭结是因为它曾以这种形式藏在瀑布下面，直到雷神托尔抓住它

的后鳍把它拽了出来，要它为自己的罪行负责；而地震则是洛基在遭受痛苦的惩罚时浑身颤抖的结果。

还有一些故事则展现了令人尊敬的美好品质，或揭露了挪威社会运转的传统机制。北欧众神之父、伟大的智慧之神奥丁常常被描绘成一位老年旅行者的形象，他经常出入宫殿和农庄，迫使那些人类家主打破宾主尽欢的假象，然后惩罚他们，他还会参与人类的谜语游戏，最终向不幸的对话者揭示他们的家庭真相。奥丁也可能因为

▲ 奥丁和弗丽嘉是众神的男女主人，大致可以将他们看作朱庇特和朱诺，以及宙斯和赫拉

人类的善良奖励他们知识，或因为他们的热情好客给予他们财富和（或）权力，但这种情况比较罕见。除此之外，还有许许多多的故事讲述了众神如何在神圣的阿斯加德王国（Asgard）建造他们的殿堂，他们如何作为恋人、对手、家人与其他神明互动，以及他们如何与另一个神族——华纳神族（Vanir）——进行了第一次武装战争。

我们得以从这些故事中窥见前基督教时代挪威人的思想，但这其中的许多神话也受到了其他思想的影响。巴德尔（Baldr）的故事就一定受到过基督教神话甚至早期巴比伦神话的影响。巴德尔是奥丁与妻子弗丽嘉的儿子，他是掌管一切美好事物的神明，是阳光、白昼与统治之神。洛基的女儿、死者的女王海拉（Hel）想要占有他。弗丽嘉曾从自己领土中的万物那里得到承诺，即它们绝不会伤害巴德尔，但她独独忽视了一株弱小又微不足道的槲寄生。一天，洛基看见阿斯加德的年轻人正在和受庇护的巴德尔玩投掷各种物品的游戏，于是洛基给了巴德尔失明的兄弟霍德尔（Hodr）一支槲寄生飞镖。霍德尔扔出了飞镖，而飞镖命中了巴德尔，巴德尔因此死去。海拉愿意让巴德尔从冥界回去，但她有一个条件，那就是万物都必须为巴德尔哀悼，于是洛基将自己变成了一个干眼的老妇索克（Þökk，意为感谢），并拒绝哭泣：

索克不会哭泣

她的眼中没有水

不为巴德尔的遣送费而流泪；

管他生或死，

我不爱那个乡巴佬的儿子，

让海拉占有她拥有的吧！

预言中说巴德尔将在诸神黄昏之后从死亡中复活。诸神黄昏是北欧神话中的末日启示录，在

那之后，巴德尔会迎来光明的新世界的秩序。无论这个神话的起源是什么，后来书写这个神话的人显然知道《圣经》中《启示录》中基督第二次降临的故事。巴德尔并不是与挪威人一度称为"白色基督"的新神联系在一起的唯一人物。一种理论甚至认为，正是因为堕落的洛基在诸神黄昏中毁灭了旧神，基督教的"真正"救赎才在神学上有了自己的空间，因此，洛基可能是基督、福音传教士施洗约翰，或者某位天使在北欧神话中的某种隐喻。

▲ 洛基是北欧众神中的欺诈者，是许多故事的主角或反派角色

奥丁有两只著名的渡鸦福金（Huginn）和雾尼（Muninn），代表思想与记忆。他每天都会派出渡鸦，让它们报告米德加德发生的所有事情

奥丁：北欧众神之父

奥丁是知识与智慧之神、治愈与死亡之神，
他的形象复杂多面，几个世纪以来一直令人着迷

作者：迪迪·查尼

作为北欧众神的主神之一，奥丁是最知名的北欧神明，也是阿萨神族的统治者。他是弗丽嘉的丈夫，也是许多孩子的父亲，其中包括托尔和巴德尔。奥丁在一些地区也被称为沃丹（Wodan）、沃登（Woden）或沃坦（Wotan），日耳曼民族对他有着悠久的崇拜史，据说星期三（Wednesday）就是以他的名字命名的。我们对奥丁的了解大部分来自13世纪的古挪威语文本，大部分源自冰岛。

大多数人将奥丁视为正义势力的神明，但他也有黑暗的一面，这使他成为维京人崇拜的最复杂多面的神。奥丁既是魔法、智慧与治愈之神，也是死亡之神。他是一位高贵的统治者，同时也是一个骗子。据说他是位于诸神之家阿斯加德的瓦尔哈拉（Valhalla，英灵殿）的统治者，战死的人有一半会被女武神瓦尔基里领到这里，另一半则前往由芙蕾雅（Freyja）统治的弗尔克范格（Fólkvangr，意为"主人的领域"）。奥丁最著名的伙伴是两只渡鸦，他还有两匹狼——基利

（Geri）和弗雷基（Freki），以及一匹八条腿的马斯莱普尼尔。

据说奥丁掌管着智慧与知识，是诗歌与卢恩符文的大师。奥丁对智慧的追求是无止境的，为此他付出了巨大的牺牲。奥丁有着"独眼"的绰号，他饮用世界树尤克特拉希尔下方的弥米尔之泉（Mímisbrunnr）的水而牺牲了自己的眼睛来获取智慧。《哈瓦马尔》（*Hávamál*）这首诗讲述了奥丁如何通过一次伟大的牺牲获得了有关卢恩符文的智慧：他在世界树的树枝上吊了整整九个夜晚，并被长矛所伤，在得到符文的智慧之前，他什么都没有吃。

奥丁在北欧神话的最初阶段就已出现，那时世界刚刚在巨人尤弥尔的身体上建成。奥丁与自己的兄弟威利和菲杀死了尤弥尔，结束了巨人的统治，开创了新神阿萨神族的黎明。奥丁还与诸神黄昏有着密切的联系，前往他的大厅的战士们都在持续准备这场战争。奥丁带领他们投入战斗，然后被巨狼芬里尔（Fenrir）活活吞掉。

芙蕾雅：爱之女神

—·—

芙蕾雅与阿佛洛狄忒同为最知名的爱情女神，
但这究竟有几分合理？

作者：迪迪·杳尼

芙蕾雅的确是与爱情相关的女神中的领军人物，同时人们也认为她掌管着生育力，更令人惊讶的是，她还是战争和死亡女神，她会将战斗中阵亡的一半战士带到弗尔克范格，而奥丁则将另一半战士带到瓦尔哈拉。在芙蕾雅的领地内有一座宽敞美丽的大厅塞斯伦姆涅尔（Sessrúmnir，意为"充满许多席位的"），她的王国内还为所有死得光荣的女性留有一席之地。

我们对芙蕾雅的了解大多来自13世纪的文献。芙蕾雅是海神尼奥尔德（Njord）的女儿、弗雷尔（Freyr）的妹妹，原本属于华纳神族。在两个敌对的神族之间的战斗之后，芙蕾雅成为阿萨神族的荣誉成员。许多人认为芙蕾雅和女神弗丽嘉起源于同一个人物，但也有人质疑这个说法。芙蕾雅有多个不同的名字，尤其是当她在世界各地寻找她的丈夫奥德尔（Óðr）时，她曾为奥德尔流下金红色的泪水。我们知道，她的战车是由猫拉动的，她还拥有一件猎鹰羽毛的斗篷。

许多人相信古尔薇格就是芙蕾雅本人。古尔薇格被烧死了三次又三次复活，许多学者认为这就是阿萨–华纳神族发生战争的原因。

闪闪发光的项链布里希嘉曼（Brísingamen）是芙蕾雅故事中反复出现的物品。在一个故事中，托尔的锤子被巨人之王索列姆（Þrymr）偷走，后者想用雷神的锤子换取芙蕾雅做他的妻子。芙蕾雅得知他的企图后大发雷霆，诸神的宝殿都为之震颤，项链断裂并从她的脖子上掉落。为挫败索列姆，托尔打扮成芙蕾雅的样子，戴上那条著名的项链装作新娘。索列姆对新娘惊人的胃口大为震撼，还被她凶猛的眼神吓了一跳。闹剧的最后，托尔还是取回了他的锤子。在另一个故事中，洛基偷走了芙蕾雅的项链，并变身海豹逃走，海姆达尔神（Heimdallr）在他变成海豹之后誓要与他战斗，为女神赢回项链。

芙蕾雅与赛德尔（seiðr）密切相关，这是一种最常由女性施展的北欧萨满魔法，涉及占卜、巫术和幻象通灵之旅。据说这种魔法最初为华纳神族所有，而芙蕾雅在战后加入了阿萨神族，她就向阿萨神族传授了这种形式特殊的魔法。

芙蕾雅常被描绘成典型的爱之女神的形象。
图为画家约翰·鲍尔（John Bauer）的
作品，画作中芙蕾雅半裸身体，长发飘飘，
让人想起波提切利的维纳斯

托尔：雷神

—·—

托尔是北欧众神中最重要的神明之一，
他是战士之神，力大无穷，同时也是雷霆与闪电之神

作者：迪迪·查尼

托尔往往被认为是最强大的北欧神明，他是奥丁最出名的儿子、女神西芙（Sif）的丈夫，同时也是女巨人雅恩莎撒（Járnsaxa）的情人，并育有许多孩子。起初托尔被古罗马人视为日耳曼神，星期四（Thursday）就是以他的名字命名的，他往往被描绘成红头发、红胡子、身材高大、肌肉健硕的形象。人们奉他为雷霆之神、闪电之神、风暴之神、天空之神，以及战士之神，奇怪的是，他还被当作生育之神。据说，在饥荒或瘟疫时期，人们常常向托尔献祭。托尔是一位典型的战士，是与混乱作斗争的力量，英勇地保卫阿萨神族免受他们臭名昭著的宿敌巨人族的侵害。

托尔最著名的魔法道具是他的锤子妙尔尼尔（Mjölnir），据说它可以夷平任何一座山峰。讲述妙尔尼尔制造过程的故事写道，妙尔尼尔的手柄很短，因为一只苍蝇在制造过程中咬了铁匠的眼睑，据说这只苍蝇是洛基乔装的。托尔还戴着一条能使自己力量加倍的力量腰带梅金吉奥德（Megingjörð），以及一双帮助他挥动魔法铁锤的

铁手套雅恩格利佩尔（Járngreipr）。两只山羊坦格里斯尼尔（Tanngrisnir，呲牙者）和坦格乔斯特（Tanngnjóstr，磨齿者）跟随托尔左右，它们拉着托尔的战车。这些山羊也是奇幻生物，托尔每天晚上都会吃掉它们的肉，留下完整的骨头，它们会在一夜之间复活，作为托尔第二天的美餐。这样的进食持续了很久，直到托尔慷慨地将自己的食物分给了一个农民家庭。家庭中的儿子想要抽取山羊的骨髓做样本，不小心折断了一根腿骨。第二天，山羊们又像往常一样复活了，但这一次，其中一只山羊从此跛了脚。

由一位伏尔瓦（女巫）讲述的托尔之死的故事是北欧神话中最具戏剧性的故事之一。根据预言，托尔将在诸神黄昏中与巨大的世界之蛇耶梦加得（Jörmungandr）战斗。托尔会想尽办法杀死这只野兽，但也会身中这条蛇的剧毒，在迈出九步之后陷入死亡的沉睡。接着，繁星闪烁，世界淹没于黑暗，大火摧毁大地，海浪上涨淹没地面，然后土地才会在新时代的黎明中重生。

托尔以其力量和手中挥舞的锤子
闻名，他掌管着风暴、闪电和生
育力，乘坐着山羊拉的战车

澜：海洋女神

澜（Rán）可能纯粹是海洋的化身，也可能是真正的海洋女神，
但无论如何，她对直面海浪的人而言都是危险的……

作者：迪迪·查尼

这幅画作由尼尔斯·布洛默（Nils
Blommér）于19世纪50年代创作，现
藏丁瑞典国家博物馆，描绘了水精灵与
澜的九个女儿扬波之女嬉戏的场景

和古希腊神话中的原始神类似，澜代表着古老力量：她是海洋本身，同时也是一位女神。在仅有的提到这位女神的文献中，她被认为是一位女巨人，嫁给了海巨人阿吉尔（Ægir，意为"海洋"），两人住在海底的一座宫殿里。埃吉尔会让人想到海洋的力量及丰富的资源，而澜却像神话中常出现的女性角色那样，让人联想到深海险恶、阴沉的一面：溺水、荒凉、死亡。实际上，她的名字还与"海盗"（robber）一词有渊源。

澜的名字常常出现在古挪威语对大海的隐喻中，在《弗里西奥夫之歌》（Frithiof's Saga）中，死亡被比作"在澜的床上休息"；在《散文埃达》中，澜被描述为"冷漠的妻子"，让人想到一个令人毛骨悚然的女巫形象，她可以洞察男人的未来并预测他们的命运。但与此同时，澜和埃吉尔又常常举办盛宴和各种精彩的庆祝活动并以此闻名，北欧众神很喜爱他们，常常加入他们的宴会。

这对夫妇有九个女儿，每个女儿都是海浪的化身，她们也是海姆达尔神的母亲。每个女儿的名字都代表一种波浪：比如德萝文（Dröfn）意为"泛着泡沫的海浪"；贝萝度格达（Blóðughadda）意为"血色波浪"，指的是泛着泡沫的海面上时隐时现的微红色调。

故事中的澜常常蛰伏在海浪下，拿着一张大网，将其抛到水面，捕捉行事不羁的海员，将他们拖入深海面对命运。洛基曾借用澜的网，在瀑布里捉住了变成梭子鱼的矮人安德瓦里（Andvari）。可以想象，对依赖海洋维持生计的航海民族古挪威人来说，用这样一位女神来解释海上溺水的现象是很合理的。10世纪，一位声名不佳的冰岛诗人、《埃吉尔之歌》（Egil's Saga）中的主人公埃吉尔·斯卡德拉格里姆松（Egill Skallagrímsson）的儿子溺水而亡，他就将自己儿子的死归咎于女神。据说澜和埃吉尔的海底宫殿是部分死者死后的去处，只有那些被淹死的人才会被送到这个永恒的安息之地。

西格恩收集蛇的毒液来减轻洛
基的痛苦。在她去倒空碗中毒
液的间隙，洛基痛苦的翻腾被
认为会在世界各地引发地震

洛基：欺诈之神

洛基身上充满谜团，他既是神族，又是巨人，
既是悲剧人物，又是骗子。他扮演的到底是什么角色呢?

作者：迪迪·查尼

洛基是一位神，但他是与其他北欧神明截然不同的存在。他在不同的群体之间无根地游离，是一个欺诈者，可以随意变形或转换性别，他在整个北欧神话中创造了自己的规则和道德。洛基是一个很难定位的角色，在13世纪的《诗体埃达》和《散文埃达》中都曾出现。

洛基的身世存疑，他是女神西格恩（Sigyn）的丈夫，也是许多孩子的父亲，其中最著名的是他与女巨人安格尔伯达（Angrboða）所生的孩子。这三个孩子在巨人之国约顿海姆（Jötunheimr）长大，众神曾聚集在一起讨论这些恶魔般的子嗣的命运，他们宣布这些孩子不会带来任何好处，因为预言称他们会造成恶行与灾难。于是这三个孩子被抛弃了。耶梦加得被扔进米德加德四周的湖水中，海拉的权力遍及九界并统治了冥界，而芬里尔由众神亲自抚养长大，却在快速成长的过程中受到拘束。奇特的是，在一个故事中，洛基还成了八足马斯莱普尼尔的母

亲，当时洛基化身为母马，欺骗了巨人的战马，并生下了由此诞生的马驹。

洛基是一个令人怜悯的悲剧人物，但他也犯下过一些不可饶恕的罪行。有一次，他杀死了变成水獭的矮人奥特尔（Ótr），然后他什么也没说，导致奥丁和赫尼尔在不知情的情况下用奥特尔的水獭皮做了一个袋子，还展示给死者的父亲看。

不可否认，洛基对众神来说既是助力也是阻力，他是巴德尔之死的罪魁祸首，因为他伪装成女巨人并拒绝哭泣——哭泣是海拉让巴德尔复活的条件。对于这一罪行，众神要惩罚他。洛基被自己儿子的肠子绑在一块岩石上，冬季女神斯卡蒂（Skadi）将一条毒蛇放在他的头顶，毒蛇将毒液滴到扭动的洛基身上，让他痛苦不堪。直到末世到来，洛基才得以解脱，在终结之战中再次与众神战斗。诸神黄昏时，洛基和海姆达尔面对面交锋，双双死于对方之手。

海拉：死亡女神

海拉坐在王座上统治冥界的形象引发了人们的诸多想象

作者：迪迪·查尼

海拉是北欧神话中最阴暗、最神秘的人物之一，许多人认为她是死亡女神，也有人将她视作邪恶的存在，毋庸置疑的是，冥界是她的领地。早在9世纪和10世纪的冰岛文献中就出现过海拉的身影。据说她凶狠又沮丧，半边身体是蓝黑色，半边身体是肤色，有人称这暗示了她肉体的腐烂、坏死。

海拉是洛基和女巨人安格尔伯达的三个被诅咒的孩子之一，另外两个孩子是巨狼芬里尔和世界巨蛇耶梦加得。奥丁畏惧有关这三个孩子的预言，于是将他们放逐，海拉被送往尼福尔海姆，雾中的冥界之国，世界树树根下的海拉大厅。在这里，海拉被赋予了遍及九个世界的权力，并接收一定数量的死者——那些因疾病和衰老死去的人，她必须为他们提供食物和永远的安息之地。海拉的领地是一个宏伟严峻的地方，巨门、

▼ 赫尔莫德前往海拉的大厅，祈求她将巴德尔从死亡中解放。
海拉允诺的条件是万物都要哭泣

高墙、住宅林立。在这里，海拉坐在王位上，手持权杖，她的地狱猎犬加姆（Garm）陪伴在她身边。

北欧神话最重要的一个故事是巴德尔之死，海拉在其中扮演着重要的角色。这位受了致命伤的神在他死前三天看到了死亡女神（许多人认为就是海拉）的异象，预言了他的结局。巴德尔的命运就此注定。很快，巴德尔就走进了海拉永恒王国的大门。其他神明都非常痛苦，弗丽嘉询问他们是否有人愿意冒险前往冥界，与海拉本人交易，以换取巴德尔的回归。巴德尔的兄弟赫尔莫德（Hermóðr）承担了这一使命，骑着奥丁的八足马前往海拉的王国。海拉提出了一个条件：如果每个生物都为巴德尔的死流泪，她就把巴德尔送回他的人民身边。然而，洛基插手其中。女巨人索克拒绝为巴德尔哭泣，决定了巴德尔的命运。很多人认为这个女巨人实际上是洛基的众多伪装之一。

尽管文献中少有对这位女神的具体描写，但仍有一些人认为海拉只是死者之国的化身。无论如何，这位女神至今仍在许多人的想象中挥之不去。

盎格鲁–撒克逊多神教

古罗马军队撤退后，多神教在不列颠蓬勃发展——与撒克逊人
一起到来的神明永久地重塑了不列颠

作者：本·加祖尔

▲ 盎格鲁–撒克逊多神教少有物质遗产，弗兰克斯宝盒是其中之一。这是一个鲸骨盒子，保存着仅有的一些珍贵图像

公元410年左右，古罗马从不列颠撤军，给那里的人民留下了棘手的军事形势和混乱的宗教状况。罗马帝国名义上是基督教国家，但在城市和精英阶层之外，许多不列颠人仍坚守着异教信仰，甚至连基督徒也受到古老的异教传统的影响。欣顿圣玛丽教堂的地板镶嵌画就描绘了耶稣与一众古希腊神话人物共处的场景。但这种混合的信仰并没有持续多久——盎格鲁-撒克逊人来了，还带来了他们自己的信仰。

来自北欧的战士来到了不列颠，接管了古罗马人留下的权力真空。僧侣吉尔达斯（Gildas）在《不列颠的毁灭》（*Ruin of Britain*）一书中描述了不列颠人如何邀请"不虔诚且凶悍"的撒克逊人来保护不列颠南部地区免受北方部落的野蛮袭击，他认为这种邀请就像引狼入室。作为基督徒，吉尔达斯不仅将撒克逊人视为对英国主权的威胁，还将他们视为神的敌人。在接下来的300年中，盎格鲁-撒克逊异教成为不列颠的主导宗教。

> 盎格鲁-撒克逊宗教思想和神学的痕迹可以在一周各天的英文名称中找到。

当时没有一个不列颠人会称自己为"异教徒"，这是基督教写作者对他们用的贬义词，他们从那时起就一直用"异教"来指代不列颠人的信仰。由于缺少宗教权威的核心人物，盎格鲁-撒克逊异教更类似于凯尔特信仰演变而来的民间习俗，许多地方的凯尔特信仰的变体都产生了跨部族和国界的影响。尽管来自大陆的入侵者带来了他们自己的信仰，但在不列颠，他们的宗教似乎与不列颠现有的宗教融合，创造出了一种崭新的盎格鲁-撒克逊信仰。

可惜的是，盎格鲁-撒克逊人自身没有给我们留下任何关于他们宗教的书面记录，我们掌握的所有资料都是基督教传教士到来之后写就的。盎格鲁-撒克逊诸神存在的大部分证据都来自他们留在不列颠各地的名字，沃登神仍然在温斯菲尔德和伍德斯伯勒（Woodnesborough）等地与我们对话。

我们只能通过散落在英格兰各地的许多不同文本的碎片来还原盎格鲁-撒克逊信仰。对于盎格鲁-撒克逊人来说，世界是由命运掌控的。盎格鲁-撒克逊人称之为"兀儿德"（Wyrd），这是推动天下万物的力量。史诗《贝奥武夫》（*Beowulf*）中写道："兀儿德（命运）总是如其所愿。"

拉努加：咒语之书

————————◆————————

《拉努加》（*Lacnunga*）是盎格鲁–撒克逊人医学文献和符咒的总集，让我们得知盎格鲁–撒克逊人如何利用他们的信仰来治愈疾病。《拉努加》记载的许多治疗配方只是将动植物的碎片混合在一起，如果没有更好的办法，它们或许多少能派上用场。然而，有几种治疗方法的效果超出了各种药物成分的功效，甚至有一种药物已被证明可以杀死耐抗生素的耐甲氧西林金黄色葡萄球菌。

有一个例子说明了一位母亲在各种情况下应进行的仪式。无法哺乳的母亲必须在死者的坟墓上踩三遍。如果还不起作用，她必须喝一口牛奶，然后吐在流水中，再喝小溪里的水。

《九草咒》（*Nine Herbs Charm*）中专门提到了沃登神。这首诗提及了艾蒿、百里香和茴香等九种植物，它们对防止伤口感染特别有效，而沃登被认为是创造了这些植物的人。

一条蛇爬过来，咬了一个人。

然后沃登拿了九根荣耀的树枝，

击打那条蛇，使它断成九截。

▲ 沃登将草药置于自然界中并教会人类如何制造药物

对这个时期的人而言，土地本身可能就是有生命力的。

与之抗争是没有用的，也不可能将世界与我们的生活分开。命运的每一个方面都与我们所做的一切息息相关。这种宿命论的存在观表明了盎格鲁–撒克逊信仰的世界观，祈求诸神可能对我们有好处，但前提是我们命中合该如此。

可以祈求的神灵有很多。盎格鲁–撒克逊信仰是多神论，其中包括许多研究挪威和日耳曼信仰的人所熟悉的神灵。盎格鲁–撒克逊人的主神是沃登，他与北欧的奥丁非常相似。沃登是战神，也是智慧之神，他掌握的卢恩符文与魔法有关。

卢恩文字不用于书写长篇散文，而通常用于纪念某人或寻求超自然力量帮助的简短铭文。著名历史学家僧侣贝德（Bede）提到，一个名叫伊玛（Imma）的人被敌人俘虏，他努力想要逃跑，敌人怀疑伊玛正在使用"松绑词"（可能是卢恩符文）来解开他的镣铐——盎格鲁–撒克逊人相信语言的力量。当然，贝德向我们保证，是基督教弥撒释放了伊玛被缚的双手。

提乌（Tiw）是盎格鲁–撒克逊人祈求战争胜利的战神。对好战的盎格鲁–撒克逊不列颠王国而言，提乌的军事技能非常珍贵。苏诺（Thunor）是盎格鲁–撒克逊人的雷神，相当于北欧的雷神托尔。苏诺是整个人类的保护者，他用锤子阻止了巨人。他的锤子符号在墓葬中发现的物品上尤为常见。

盎格鲁–撒克逊人的墓葬是我们了解他们的来生观的主要来源。死者的尸体对他们的来生似乎并不重要。大多数盎格鲁–撒克逊人都是土葬，但也有火葬的传统。焚烧后的遗骸被放置在陶瓮中，有时装饰有苏诺的万字符记号或提乌的卢恩符文。

那些整葬的尸体常常伴有陪葬品，这些陪葬品可能是用以陪伴死者进入来生的。男人，甚至男孩，都会以武器陪葬，而女人则被埋葬在家居用品和珠宝之间。然而，我们可能永远无法确切得知盎格鲁-撒克逊人对死者的所作所为代表了什么，其中一些没有明显的意义。我们常发现死者被斩首，头部可能被放置在与身体相关的许多位置，其含义尚不明确。

活着的盎格鲁-撒克逊人在不同的场所崇拜神灵，其中圣树林或许可以追溯到凯尔特人时代。"赫尔格"（Hearg）在古英语中的意思是神圣的树林或神殿，带有"哈洛"（harrow）一词的地名通常源自这些地方。与之相对的"维奥斯"（Weohs）是路边较小的神龛。教皇格里高利（Pope Gregory）在给梅里图斯（Mellitus）的信中说："我们绝不能摧毁这个种族（不列颠人）的神庙，而只应摧毁其中的雕像。将圣水洒在这些神殿中，建造祭坛并将圣骸放入其中。既然神殿建造得很好，那么就必须让它们从崇拜魔鬼转

▲ 盎格鲁-撒克逊的众神之王沃登不止为人类带来了军事上的成功，还给予了他们智慧和学习魔法的途径

为侍奉真神。"

除了众神之外，盎格鲁-撒克逊神话世界还居住着强大的英雄、精灵和矮人等其他奇特的种族，以及带来巨大威胁的巨人。从某种意义上来说，对这个时期的人而言，土地本身可能就是有生命力的。盎格鲁-撒克逊宗教可能融合了万物有灵的信仰，认为灵魂存在于树木、岩石等各种地方。供奉在泉水和林地中的祭品可能是献给众神的，也可以是献给特定地点的精灵的。

盎格鲁-撒克逊的神灵崇拜包含哪些仪式也是一个悬而未决的问题。动物祭祀似乎是他们仪式崇拜的一部分。贝德说，11月曾经被称为"血月"（Blod Monath），"血月是献祭的月份，待宰的牛在本月献给众神"。现代英语单词"保佑"（Bless）源自古英语"Bletsian"，意思是"用鲜血奉献"。

盎格鲁-撒克逊人和北欧人的著作告诉我们，饮酒仪式被称为"辛姆贝尔"（symbel），仪式上，人们举起喇叭，或用盛有蜂蜜酒、麦芽酒的酒杯，向首领大厅里的人们敬酒。出席者彼此宣读忠诚和友谊的誓言，并向客人赠送礼物。为了确保这一仪式不会因醉酒陷入骚乱，他们会指定一个人来保持现场的神圣。

辛姆贝尔仪式的活动之一通常是背诵家族族谱，以此作为对生者和死者的纪念。在一份皇室先祖的名单中，沃登被列为其家族的祖先。这并不是试图说明他们有神圣

农业对盎格鲁-撒克逊信仰而言非常重要，有特定的咒语和祈祷来为牲畜和土地祝福或治愈它们。

▲ 对饮酒的描绘与描述表明这是一种具有仪式意义的聚会，可以培养忠诚于彼此的社群纽带

▲ 传说中的亨吉斯特和霍萨兄弟是盎格鲁人、撒克逊人和朱特人的领袖

▲ 从盎格鲁-撒克逊墓葬中出土的萨顿胡头盔的复原品

的血统，而是后来基督教试图只将盎格鲁-撒克逊人的异教神明视为远古的人类。

基督教很长一段时间后才回到不列颠。一些国王很快就接受了基督教，而其他国王仍在骑墙观望。贝德记录了东安格利亚（East Anglia）国王雷德瓦尔德（Rædwald）如何将异教偶像与基督教祭坛设立在同一座神庙中。许多异教徒篡夺了基督教国王的王位，或让自己的继任者接管。但最终，基督教还是成了英格兰的主导信仰。

然而，并非所有盎格鲁-撒克逊信仰的痕迹都从这个国家消失了。英语中一周各天的称呼都源自盎格鲁-撒克逊人对神明的称呼。周四（Thursday）是苏诺日，周二（Tuesday）是提乌日，周三仍属于至高神沃登。

在民间传说中，盎格鲁-撒克逊人也留下了自己的印记。工匠韦兰（Wayland the Smith）是盎格鲁-撒克逊神话中一个受欢迎的人物，他是一位著名的魔法道具制造者，出现在包括《贝奥武夫》的几首古英语诗歌中，他的形象刻在石头和弗兰克斯宝盒上。"韦兰铁匠铺"是一座可追溯至公元前3400年左右的新石器时代古墓，因为18世纪时的当地人相信，如果有人在此向韦兰献祭，就会有一位无形的神灵给他们的马掌钉。

紧闭的门后

—— · ——

揭秘在那些家宅中隐秘之处被崇拜的神明与精灵

作者：凯瑟琳·马什

在古罗马，并非人人都是天才（Genius），但人人都会得到精灵（Genius）的注视。这并不是说超群的智力在庇佑着他们，而是说一种只把他们的最大利益放在心上的精灵。只要人们崇拜他、祭拜他，特别是在丈夫和父亲的生日时用鲜花和焚香供奉他，他就会祝福一家之主，保佑婚姻美满。

宗教在古罗马文化中发挥着重要作用。除十二位主神之外，随着更多的领土被征服，罗马共和国和罗马帝国逐渐成为不同文化的熔炉，新的神要么独立存在，要么为古罗马万神殿中已经存在的神增色添彩。这些神明主要是在欧洲大陆拥有神庙并被公开崇拜的神明，而在家庭的私密空间里，还有更多神灵存在，这就是宗教在私人领域的体现。

古罗马房屋的中庭或厨房附近往往会有一座神龛，它必须位于家中的心脏地带，这至关重要。那里矗立着家庭神的许愿台和肖像，通常有两组神明：帕内斯（Panes）和佩纳特，以及拉雷斯。

帕内斯和佩纳特是食品储藏室和厨房的精灵，他们让房子里备有食物，让房子成为一个家。用餐时，人们将帕内斯和佩纳特的小雕像放在餐桌上，通常会向他们献上正餐的一部分、蛋糕、酒、蜂蜜、熏香，有时甚至是血。值得注意的是，佩纳特是被公开崇拜的神灵，但公开崇拜的仪式重点是国家和民族，而非家庭。

拉雷斯则更私人化。他们是死去的祖先和近

◄ 一幅公元前 1 世纪的古罗马壁画，描绘的是来自意大利庞贝古城附近博斯科雷亚莱（Boscoreale）的一个精灵

亲的灵魂，其职责是保佑生者繁荣。拉雷斯的重要性无须多言——人们每天都会对他进行供奉和祈祷，在与死者相关的特殊日子，如生日和其他周年纪念日，还会举行更复杂的仪式。

拉雷斯还可以分为更小的亚种，其中之一就是帕伦特（Parentes）。帕伦特是已故父母、孩子和兄弟姐妹的灵魂。有些人甚至还会制作在世家庭成员的小雕像，长途旅行时随身携带。从罗马前往雅典的人会携带妻子和孩子的雕像，就好像他们在旅途中陪伴着自己一样。

雷缪尔（Lemures）比较狡猾——他们是不快乐的灵魂，经常生气或恶作剧。也许就类似于今天的恶作剧者，他们可能是祈祷和供奉不足的产物。人们举办凶灵节（Lemuria）和亡灵节（Feralia）这样的节日来安抚他们，古罗马每年都会有三天打开通往冥界之门，让这些有时会复仇的灵魂自由地在城市的街道上漫步。如果没能好好对待某位已故的家庭成员，那么就会受到严厉的惩罚。持续的日常崇拜并确保坟茔保持最佳状态才能让人获得最大利益。

人在死亡之后会加入死者灵魂——玛内（Manes）的行列，然后他们将成为各种类型的拉尔（Lar）。每年2月21日举行的亡灵节是为了祭拜他们，这一天是敬先节（Parentalia）的最后一天，敬先节是为了祭拜家庭祖先举行的节日。

当然，古罗马并不是唯一一个向逝者致敬的国家——古凯尔特人在10月底和11月初庆祝萨温节（Samhain），点燃篝火来迷惑被认为是冬季预兆的鬼魂。

▲ 古埃及诸神的陶瓷护身符，包括贝斯和塔沃瑞特，其历史可以追溯到古埃及晚期

古希腊神话中有"尤达蒙"（eudaemon，一种善良的灵魂）和其对应物"卡可达蒙"（cacodaemon）。前者被认为是守护神，就像古罗马的精灵一样，他们为他们所监视的人提供庇护。北欧信仰中也有被称为费居尔（fylgjur）的人类灵魂或俯瞰命运的神灵，通常以动物的形式出现，而瓦洛尔（varðir）则是守护神。立陶宛神话中有加比贾（Gabija），这是保护家园和家人的火神。芬兰信仰"马安哈尔蒂哈斯"（maan haltijas），他守护着财产和牲畜。人们在神殿供奉祭品，既是为感谢神灵，又是为安抚神灵，还可以祈祷让邻居因偷窃财富或使动物不育而受苦。哈尔蒂贾斯（Haltijas）通常是祖先的灵魂，往往是第一个住在家族房产里的人。

与此同时，古埃及众神中一些神明也是在家中而非在神庙中被崇拜。与古代的其他信仰一样，先祖崇拜在古埃及文明中发挥了巨大的作用，而对几个主要神灵（即贝斯和塔沃瑞特）的祈祷和供奉也非常重要。目的是确保家庭和睦、成员健康，特别强调生育、怀孕、分娩和儿童的庇护。这并不是埃及学术领域中经常讨论的话题，部分原因是缺乏确凿的证据——只有大约23个定居点包含与家庭崇拜有关的考古发现。已发现的物品包括祭坛、壁龛、护身符、雕像等。家具、镜子和刀柄等日常用品也常印有贝斯的形象。

当然，古埃及并不是唯一供奉壁炉和家庭主神的国家。古罗马有一位著名的维斯塔女神，她是掌管心灵、家园和家庭的女神，她甚至在古罗马最受尊敬的12位神祇中占有一席之地。古希腊人有与她相当的赫斯提亚，家庭中举办的任何祭祀中的第一个供品都要献给她。她代表的是家庭生活，而赫耳墨斯与她互补，负责管理商业和家庭之外的世界。

立陶宛众神中有马特卡·加比亚（Matka Gabia），她是家庭、心灵和关怀的女神，常以红衣女人的形象出现，或者以猫、鹳或公鸡的形态出现。对她的崇拜包括向她供奉面包和盐，那些在痛苦中沉重地徘徊或咒骂的人往往会发现自己是她怜悯的对象，而这怜悯是激烈且毁灭性的。

北欧多神教有众神之主奥丁的妻子弗丽嘉。她是婚姻和生育的捍卫者，她的名字在古挪威语中的字面意思是"被爱的"，可以认为她是母亲们效仿的模板。

祈祷可以是一件非常私人的事情，有时是闭门进行的，而非在神圣建筑或当地的公共空间。但有时家庭敬拜更多的是出于对自身安危的恐惧，而不是为了得到宽慰。在古代，家庭崇拜是一件无法忘记的事情——每天感谢神灵，并通过牺牲、供奉和祈祷来安抚他们，这样你才能度过这一天、这一年，甚至这一生，如果幸运的话就会无病无灾。在古罗马，忘记祭祀维斯塔好过忘记祭祀拉雷斯和佩纳特。

> 人们在神殿供奉祭品，既是为感谢神灵，也是为安抚神灵。

▲ 意大利庞贝城米南德家族的家庭神龛，内有许愿雕像

史上最奇特的众神

———◆———

世界各地的多神教众神中
都有相当多奇特的神灵

作者：本·加祖尔

梅泰

嗜酒的狄俄尼索斯宴会上的醉酒女神

梅泰是古希腊醉酒概念的化身。古希腊人可能喜欢葡萄酒，但他们喝的大多是大量兑水的酒，以免引起这位女神的注意。梅泰通常被认为是酒与狂欢之神狄俄尼索斯的侍从之一，也被认为是一种他所能带来的快乐。一位诗人描述了他如何感激"梅泰（醉酒）诞生，查理斯（Charis，恩典）诞生，利佩（Lype，痛苦）休息，阿尼亚（Ania，麻烦）入睡"。有一个故事说，梅泰曾是人类，她的丈夫在为纪念狄俄尼索斯举行的一场漫长宴会的第二天早上去世了。为了补偿他致命的宿醉，神下令说，梅泰将永远被尊为"醉酒"的化身。古时的画家特别喜欢描绘酒神狄俄尼索斯的狂欢和醉酒的神灵所经历的奇异冒险，经常

能在画面中看到梅泰又给狄俄尼索斯倒了一杯酒，让这位神明更加狂野。

▲ 狄俄尼索斯是酒神，劝酒的是醉酒女神梅泰

斯卡蒂

具有邪恶幽默感的北欧滑雪女神

斯卡蒂起初并不是一位女神，而是北欧神话中可怕的巨人。她的父亲被众神杀死，于是她向众神寻求赔偿，众神提出可以让她与一位神明结婚，并且提出了一个条件——她只能通过看脚来挑选丈夫。她没有选中英俊的巴德尔，而是选中了海神尼奥尔德。斯卡蒂接受了她的新丈夫，但她仍无法保证不向众神复仇，除非众神能让她笑一次。迎接挑战的是欺诈之神洛基。他用一根绳子把他的睾丸绑在一只山羊身上，彼此用力拉扯，边打斗边发出尖叫声。当洛基最终倒在斯卡蒂怀里时，她终于笑出了声，阿斯加德再次恢复了平静。作为新晋女神，斯卡蒂被赋予了自己需要监管的领域——荒野、狩猎和滑雪。

▲ 斯卡蒂是挪威的滑雪女神，尼奥尔德的妻子

NIÖRDER AND SKADI ON THEIR WAY TO NOATUN.

卡尔迪亚

铰链女神可以打开许多奇迹之门

卡尔迪亚或卡尔纳（Carna）是古罗马女神，掌管着门的铰链。根据诗人奥维德的说法，她是双面神（字面义上的双面）雅努斯（Janus）的挚爱，正是他赋予了卡尔迪亚对铰链的控制权。卡尔迪亚获得的新能力为她带来了驱除门外邪恶的力量，特别是让恶魔远离房子里的孩子们。

神话中说，摇篮中没有护士照看的孩子有被巨大的食肉鸟类袭击的危险。据说卡尔迪亚女神会用一根山楂树枝条保护遭受袭击的婴儿。

早期的基督教作家经常嘲笑卡尔迪亚，并借由她来嘲讽一切多神论，因为她的权力非常有限。圣奥古斯丁问道：为什么异教徒需要三位神祇来守卫一扇门，明明有一个人类看守就足够了？与铰链之神卡尔迪亚一起守卫大门的还有大门守护神福库勒斯和门槛之神利门提努斯。

克罗阿西娜

古罗马人为我们留下了什么？
管理下水道的女神克罗阿西娜可以告诉您

哦，克洛阿西娜，这个地方的女神，

微笑着看向你的恳求者。

柔软又顺滑，让他们的供品流动，

既不鲁莽地快，也不粗暴地慢。

这首诗被认为是拜伦勋爵的作品，从中我们可以捕捉到古罗马女神克罗阿西娜（Cloacina）的风格。作为净化之神，她负责维持古罗马大排水沟的顺畅运行，将污水从人口稠密的城市中排出。克罗阿西娜也是一位私人领域的女神，保护婚姻中的性行为及个人与厕所的关系。

起初，人们将伊特鲁里亚神克罗阿西娜与古罗马女神维纳斯联系在一起，但两人的结合并不明显。传说在古罗马的下水道中发现了一尊维纳斯雕像，但古罗马人可能只是看到了污秽、美德和清洁力量之间的联系。许多神都掌管着截然相反的事物。在早期的古罗马神话中，古罗马人和

萨宾人开战在即，被他们争抢的萨宾妇女却阻止了他们，最终，他们在后来成为克罗阿西娜圣地的地方受到香桃木树枝的净化。

克罗阿西娜成为维纳斯的主要化身，人们在古罗马大排水沟的正上方建造了一座神殿来纪念她，圆形神殿甚至可能直接通往下水道。这座神殿声名显赫，甚至出现在古罗马硬币上，让我们能够想象这座神殿的宏伟，尽管它在今天已难觅踪迹。

未知的雅典神明

即使不知道该感谢谁，也应当保持礼貌

保罗站在亚略巴古中间说："雅典人哪，我看出你们在各方面都非常虔诚。因为在我经过并观察你们崇拜的对象时，我发现了一个祭坛，上面刻着这样的铭文：'致未知的神。'"根据《使徒行传》（*Book of Acts*），这是圣保罗在前往雅典说服雅典人相信自己的信仰时所说的话。而对于雅典人来说，向未知的神灵祈祷是有充分理由的。

事情始于一个男人睡了一个异常长的午觉。克诺索斯的埃庇米尼得斯（Epimenides of Knossos）放羊累了之后，走进一个山洞休息，却不知道这个山洞是宙斯的圣地。他本来只想小憩一会儿，却睡了整整57年，还获得了预言的知识。等去到雅典后，他发现自己的新智慧派上了用场。

一场瘟疫正在这座城市肆虐，对于古希腊人来说，这意味着神对他们感到不满。为了消除城市中的污秽与罪恶，他们必须知道该向谁献祭以求安抚。埃庇米尼得斯给出了答案。他将他的羊放进城里，无论它们躺在哪里，他都告诉雅典人要在这里为已知或未知的神建立一座神殿。通过这种方式，诸神心满意足，这座城市得到了拯救。

▲ 一座供奉"未知之神"的雅典神殿

欧德姆布拉

北欧创世神话的主角，一头至关重要的母牛

　　根据北欧神话，世界诞生于冰与火之中，冰之国度尼福尔海姆和火之国度穆斯贝尔海姆之间有一道虚无的深渊。随着时间的推移，冰层壮大，火之国迸射出的火花与冰相接。火花形成了太阳、月亮和星星，而融化的冰塑造了名为尤弥尔的冰巨人的身姿。下一个从冰中出现的生物是母牛欧德姆布拉。欧德姆布拉在这个贫瘠的世界里喂养尤弥尔，她的乳房中流出了四股强大的乳汁。在这个只有冰与火的世界里，欧德姆布拉没有草吃，只能通过舔舐周围的咸冰来获取营养。正是由于她的不断舔舐，另一位神灵逐渐从冰块中解放出来，这就是挪威人所熟悉的阿萨神族之父——布利。欧德姆布拉用三天的时间完全舔净了布利周身的冰块。包括奥丁在内的布利的孙子们杀死了尤弥尔，并用他的身体创造了北欧神话的九个世界。多亏了欧德姆布拉，大地才得以存在。尤弥尔的眉毛变成了人类居住的米德加德，而他的大脑则化作镶在空中的云彩。欧德姆布拉在参与宇宙的创造后发生了什么不得而知，希望众神感念她的贡献，为她提供了更美好的牧场。

▲ 在滋养了万物之源——巨人尤弥尔之后，欧德姆布拉从北欧神话中消失了

塔沃瑞特

令人恐惧的妇女和产妇的保护者，威吓邪祟的助产士

恐怕大多数产科病房都不会赞成塔沃瑞特加入他们的团队。塔沃瑞特外表太过恐怖，她是一只拥有狮子的爪子和后腿的巨大河马，还长着一条鳄鱼的尾巴，这似乎表明她不可能成为一名温柔的助产士。塔沃瑞特是三种生物的组合，这三种生物对古埃及人来说最为致命，但她却是那些面临严酷分娩的产妇的首选神明。这可能是因为在古代世界，分娩是一种考验，所以人们认为那些遭受分娩之痛的人需要最强大的保护者——非塔沃瑞特莫属。

塔沃瑞特通常以小护身符的形式出现，可以在怀孕期间随身携带，起到驱邪的作用。她有时会呈现出怀孕的形象，以凸显神灵和信徒之间的共情。或许只有嘴里长满了凶猛牙齿的最胆大妄为的恶灵，才敢试图夺走塔沃瑞特保护下的妇女或儿童的生命。

为保护孕妇，塔沃瑞特并非单打独斗。其他神祇，如狮子矮人贝斯，也被召唤来驱除邪恶。这两个神在古埃及家庭中很常见，有时人们会将他们画在墙上以求他们庇护家人。许多人选择不提及塔沃瑞特的名字，而是使用诸如"伟大者""天之女士"或"产房女主人"等绰号来尊称塔沃瑞特。

特拉佐尔特奥特尔

阿兹特克的污秽女神，通过吞吃污秽创造洁净

特拉佐尔特奥特尔（Tlazolteotl）是阿兹特克的神明，掌管着人类生活中许多有趣的领域。她是生育、性与浪费之神，她的任务之一是吃掉"特拉佐里"（tlazolli）——意思是垃圾、碎屑，甚至包括人类排泄物。特拉佐尔特奥特尔的工作就是吃掉所有这些，并将其转化为更有用的东西。她带走了宇宙的混乱和污秽，留下了一个更加美丽的世界。特拉佐尔特奥特尔同时也是蒸汽浴女神，可能是因为她的饮食习惯不太卫生，在一天的辛苦工作后需要蒸汽浴。

特拉佐尔特奥特尔的雕像和图像通常看起来让人不太舒服。一幅著名的图像展现了她分娩的那一刻。从她下身坠落的神明，或说从她下身"发射"出去的神明，是玉米之神森特奥特尔（Centeotl），这暗示了特拉佐尔特奥特尔在生死循环中发挥的作用。特拉佐尔特奥特尔吃掉废物，创造了肥沃的土壤，使植物能够生长并滋养人类。

特拉佐尔特奥特尔的字面义是"污秽之神"，同时她也被称为特拉埃尔库瓦尼（Tlahelcuani）——"吞吃污秽（罪孽）的她"。有时候人们会在她雕像的嘴部周围涂上沥青，以显示她如何吞噬人们黑暗的罪恶。作为奸情女神，特拉佐尔特奥特尔能够原谅特殊的罪过——但只有一次机会。大多数人都是等到年纪大了、淫乱行为已成往事的时候再去请求她的原谅。特拉佐尔特奥特尔不仅是污秽之神，也是净化之神，她的头上有时挂着棉花和纺锤，表示她在纺织中也有发挥作用，这进一步表明了她代表的再生的内涵。正如她将杂乱的污物收进自己体内、将其转化为有用的东西一样，她也将杂乱的棉花纺成有用的丝线。

格莱肯

这条长着一头长发的蛇可能没有看起来那么大……

公元160年前后，阿波努提库斯的亚历山大（Alexander of Abonutichus）大步走进一个市场，除了一条金色的腰带外，全身赤裸。他向他的同胞们宣布，一位神明即将现身。他赶着人群跑到一座神庙的施工现场，在那里的一个水池中发现了一个蛋。敲开它，一条小蛇钻了出来，格莱肯诞生了！

然而，根据萨莫萨塔的卢西安（Lucian of Samosata）的说法，为了这个瞬间，亚历山大蓄谋已久。前一天晚上，亚历山大就把蛋放在了水里。他在鹅蛋上钻了一个小洞，清空里面的东西，往里面塞进一条小蛇，再用蜡将它封了起来。然而，对轻信的观众而言，格莱肯的到来是一个真正的奇迹。

格莱肯很快就长大了。不到一个星期，它

就长得和一个人一样大，而且和大多数蛇不同的是，它头上长着一团乱蓬蓬的头发。人们成群结队地去看它，而亚历山大只允许来访者在一个没有光线的房间里观察格莱肯。在那里，大蛇的嘴不断开合，亚历山大会解释来自神的信息。

并不是所有人都相信格莱肯是真正的神，但相信的人足够多，亚历山大很快就因为自己能从圣蛇那里听到神谕赚得盆满钵满。对像卢西安这样的人说，格莱肯只是一个靠人操纵的木偶，亚历山大只是用一根线动了动它的嘴，但对神的崇拜却蔓延开来。人们常常请求号称是医神阿斯克勒庇俄斯儿子的格莱肯治愈疾病。我们发现了向

他祈求的铭文，"请格莱肯保佑我们免受瘟疫的侵袭"。

长久以来，人们一直认为蛇具有与返老还童相关的神奇力量，因为它们蜕去旧皮，就仿佛获得了新生。格莱肯蛇在下层阶级和统治精英中都很受欢迎：亚细亚的罗马总督宣称自己是格莱肯神谕的守护者，罗马的硬币上刻着格莱肯的形象，其中一些硬币上的格莱肯还蓄着一把飘逸的胡须。

亚历山大死后，格莱肯崇拜还持续了数百年，只是不复当年荣光。格莱肯逐渐消失在历史中，只给我们留下了它令人惊叹的形象。

▲ 据"发现者"称，这条优雅的蛇格莱肯是药神阿斯克勒庇俄斯的儿子

图片所属